中国方略

怎么看治国理政
新理念 新思想 新战略

周一兵 ◎著

人民出版社

责任编辑：娜　拉
封面设计：吴燕妮
版式设计：肖　辉
责任校对：胡　佳

图书在版编目（CIP）数据

中国方略：怎么看治国理政新理念 新思想 新战略 / 周一兵 著 .
　－北京：人民出版社，2016.1
ISBN 978 － 7 － 01 － 015812 － 9

I. ①中…　II. ①周…　III. ①社会主义建设模式 － 研究 － 中国
　IV. ① D616

中国版本图书馆 CIP 数据核字（2016）第 020802 号

中 国 方 略
ZHONGGUO FANGLÜE

——怎么看治国理政新理念 新思想 新战略

周一兵　著

人 民 出 版 社 出版发行
（100706　北京市东城区隆福寺街 99 号）

北京盛通印刷股份有限公司印刷　新华书店经销

2016 年 1 月第 1 版　2016 年 1 月北京第 1 次印刷
开本：710 毫米 × 1000 毫米 1/16　印张：14.5
字数：144 千字　印数：00,001 － 50,000 册

ISBN 978 － 7 － 01 － 015812 － 9　定价：39.00 元

邮购地址 100706　北京市东城区隆福寺街 99 号
人民东方图书销售中心　电话（010）65250042　65289539

目　录

导论　全球治理竞赛的
　　　　中国方略

理念是行动之引领，有什么样的治国理念就决定了有什么样的治理绩效。从 20 世纪 70 年代末至今，在全球不同制度、不同发展水平国家的治理竞赛中，中国之所以能快速发展、持续超越，根本的一条，就在于能提出和实施正确科学的治国理念和方略。

进入 21 世纪第二个十年，以中国共产党十八大为标志，中国这艘巨轮开始驶入机遇和风险都前所未有的新征程。之所以说是"新征程"，主要是指中共十八大后，以习近平同志为总书记的新一届党中央领导集体，接过了历史的接力棒，承担起引领中国这艘巨轮继续前行的艰巨使命。

应当看到，今日中国已非"昨日中国"。相比中华人民共和国成立 60 多年来的不同阶段，今天的中国在以往持续发展的基础上，在量的持续累积的过程中，已具有明显不同于过去的若干现象或特点。一是中国的体量和"块头"已猛长一大截。得益于改革开放后 30 多年年均近 10% 的增速，近些年来中国经济总量不断迈上新台阶。2000 年，中国超过意大利成为世界第六大经济体。2002 年，中国超过法国，位居第五。2006 年，中国超过英国位居第四。2007 年，中国超过德国，位居第三。2010 年，中国取代日本成为世界第二大经济体，同时取代德国成为世界最大商品出口国；累积了超过 3 万亿美元的外汇储备，是世界最大外汇储备国。现在中国有 200 多种产品产量位居世界第一。二是中国人民对自己选择的发展道路和民族复兴前景充满自信。13 亿中国人民是改革开放的最大受益者。1978 年到 2014 年，我国城镇居民年人均可支配收入从 343 元增加到 28844 元，农民人均收入从 134 元增加到 10489 元，不考虑价格因素，分别增长了 84 倍和 78 倍。正是这些年来老百姓得到了看得见、摸得着的实惠，所以中国特色社会主义才得到人们广泛认同。根据一家国际性调查公司 2014 年的民意调查，高达 85% 的中国民众对国家未来方向表示满意，70% 的民众认为过去五年的生活得到改善，82% 的民众对未来五年感到乐观。这一结果在受调查国家中遥遥领先。自鸦片战争后 100 多年来，中国无数志士仁人所不懈追求的实现民族复兴的目标，从来还没有像今天这么近。三是中国与世界的关系已发生巨大变化。1978 年改革开放之初中国经济对世界的影响是相当小的。现在中国已是世界 120 多个国家的第一大贸易伙伴，经济影响已非同日而语，各方面交往的广度和深度大超以前。中国每年出境旅游的游客超过 1 亿人次，现在许多国家争相吸引中国游客，这已成为中国经济实力的重要象征。四是中国的发展模式愈益引起广泛关注。中国的持续快速发展逐渐为世人瞩目，"中国奇迹""中国经验"被国际学界提出，并被越来越多的学者所探讨。在苏联解体、东欧剧变之后，中国的社会主义不仅没有受损，而且焕发出日益夺目的光彩，使一个 13 亿多人口的东方大国大踏步迈向富强繁荣的目标。

正因为如此，以习近平同志为总书记的新一届中央领导集体亮相之后，他们将秉持什么样的执政理念、以什么样的思路举措去治理中国，必定成为国内外极为关注的焦点所在。我们看到，党的十八大之后，在一个个重要场合、重要会议、重要活动上，习近平总书记先后发表一系列重要讲话，提出治国理政的丰富思想。这些系列重要讲话，以巨大的政治勇气、严谨的科学态度和敢于担当的精神，准确把握当今中国和世界的根本走势，对中国未来发展作出了理论新思考和战略新谋划，是新的历史起点上坚持和发展中国特色社会主义的行动纲领。

回想改革开放这 30 多年，可以说中国成功走完现代化"前半程"，迈上一个更高的发展台阶。但"发展起来后的问题比不发展时更多"，既有各种有待解决的老问题，又有大量新出现的问题；既有利益关系问题，又有立场倾向问题；既有我们自己内部问题，又有来自外部的许多问题，而且相互交织、叠加呈现。尽管矛盾问题很多，但社会主流思想总的是积极向上的。同时也要看到，国内外有一些人对中国取得成就的原因、对中国的制度模式、对中国的发展前景等，提出了不少疑虑、诘问。分析其要点，一是认为中国 30 多年发展没什么"窍门"，无非是实行"市场化"、走发达国家走过的路，或者学日本和"亚洲四小龙"发展出口导向型经济；二是认为中国只搞经济改革，政治改革"停滞"或"滞后"，经济上是市场体制、政治上是"列宁体制"，是所谓"极权""威权"；三是眼睛只盯着中国社会的问题，把所有大大小小的问题、矛盾、事件等，都归结为制度问题，好像只有"拆故宫建白宫"才有出路，宣扬"西方制度万能论"；四是要么鼓吹"中国崩溃论"，尽管"崩溃论"崩溃无数次，仍不断厚脸鼓噪；要么鼓吹所谓"中国威胁论""中国责任论"等等，不一而足。更进一步，他们还甚至开出种种"药方"、提出种种"方案"。尽管这些论调都只是在一定范围，影响也相当有限，但也从一个角度表明，在当前中国发展这样一个关键时刻，"中国向何处去"的问题又以新的内涵和形式提到人们面前。

因此我们也不难理解，为什么党的十八大以来这一段时期，习近平总书记发表的一篇篇重要讲话，在广大党员、干部、群众中产生极大的反响。实事求是地讲，就是因为每一篇讲话都针对性极强，都不回避矛盾问题，都发人深省、引人共鸣，常常有令人醍醐灌顶之感。总起来说，习近平总书记系列重要讲话，紧紧围绕在新的历史起点上中国向何处去的根本问题，从道路方向、目标任务、战略布局、工作部署等各方面作出了全面回答，集中体现了新一届领导集体的执政理念和执政方略。

第一，在中国未来发展的方向上，郑重向国内外表明，中国将继续坚定不移地走中国特色社会主义道路。强调中国特色社会主义道路是中国发展进步的根本方向，是发展中国、稳定中国的必由之路，必须树立高度的道路自信和自觉，既不走改旗易帜的邪路，也不走僵化封闭的老路，而是要坚定不移坚持、与时俱进拓展中国道路。

第二，在中国未来发展的目标上，提出和阐述了要实现中华民族伟大复兴的中国梦，明确了新一届中央领导集体的执政目标。中国梦是在党的十八大确立的"两个一百年"奋斗目标基础上提出的，进一步回答了中国将朝什么目标迈进的重大问题，成为激励中华儿女团结奋进的一面精神旗帜，强调要坚持走中国道路、弘扬中国精神、凝聚中国力量，用实干和辛勤劳动托起中国梦。

第三，在中国未来发展的布局上，阐述和提出了协调推进"四个全面"战略布局的要求。党的十八大以来，党中央从坚持和发展中国特色社会主义的全局高度出发，提出和形成了全面建成小康社会、全面深化改革、全面依法治国、全面从严治党的战略布局。这"四个全面"是紧密联系、相辅相成的，全面建成小康社会是引领前行的战略目标，全面深化改革、全面依法治国提供动力源泉和法治保障，全面从严治党是根本保证，共同构成一个有机统一的整体。"四个全面"的战略布局，抓住了我们面临的主要矛盾和突出问题，是推进具有新的历史特点的伟大斗争的宏韬伟略，为我们推动党和国家事业发展提供了重要遵循。

第四，在中国未来发展的总体部署上，提出了做好党和国家各方面工作的主要任务和重大举措。围绕在新的历史起点上推进经济建设、政治建设、文化建设、社会建设以及生态文明建设和党的建设等，先后作出一系列重大决策部署，既指明了大方向大思路，又谋划了各领域的具体政策和工作重点，既有宏观层面的战略运筹，又有操作层面的政策设计，明确了推动经济社会持续健康发展的路线图和任务书，必将不断开创中国特色社会主义发展新局面。

总之，习近平总书记系列重要讲话，用明确系统的施政理念和主张回答了新的征程上中国将往哪儿走、怎么走的重大问题，用科学有效的一整套发展战略和政策布局回答了怎么推进党和国家各领域各方面的工作，用务实管用的一系列措施办法回答了在日益复杂环境下如何打造一支自身硬的执政骨干队伍，提出了新的历史阶段治国理政的总方略。要了解当今中国，要把握明日中国，就必须认真研读习近平总书记系列重要讲话，领会其基本内容和基本观点，掌握其核心要义和精神实质，从而更好地观大势、明大局，在纷繁复杂的形势下把准方向、增强定力。

本书是作者在认真研读和深入把握习近平总书记系列重要讲话基础上，对其治国理政思想进行系统梳理后，对其中一些重大理论观点所作的重点解读。全书文字力求结合实际既有所阐发，又尽量忠实于原著原文，以求对读者更好领会讲话精神有所帮助，不足之处敬请读者指正。

一、治理中国该
走什么路

1. 穿合脚的鞋走自己的路
2. 搞清中国道路的特色和优势
3. 在道路问题上要有强大定力

道路引领发展，道路决定命运。对一个人来说，走对了路，成长过程就顺利，就容易实现人生理想。对一个国家的执政者来说，治国理政走对了路，发展过程就比较稳当，国家实力和人民福祉就能不断提升，在国际上也就能获得应有的地位。

作为在13亿人口大国长期执政的党，对中国共产党来说，道路问题是最根本的问题。党的十八大之后，以习近平同志为总书记的党中央承担起在中国这样一个大国治国理政的历史重任。国内外对新一届中央领导集体的关注和观察，首要的也是中国今后将走什么路、朝着什么方向前行？

回顾历史，中国共产党领导人民经过90多年的探索实践，成功开创、坚持和发展了中国特色社会主义道路。习近平总书记指出，这条道路是在改革开放30多年的伟大实践中走出来的，是在新中国成立60多年的持续探索中走出来的，是在对近代以来170多年中华民族发展历程的深刻总结中走出来的，是在对中华民族5000多年悠久文明的传承中走出来的，具有深厚历史渊源和广泛现实基础。实践证明，这条道路适合中国国情、符合中国特点、顺应时代发展要求，是创造人民美好生活、实现中华民族伟大复兴中国梦的必由之路。党的十八大以来，以习近平同志为总书记的党中央以一系列明确宣示和行动，向国内外郑重表明，新一届中央领导集体将坚定不移地坚持、与时俱进地拓展中国特色社会主义中国道路，不断夺取中国特色社会主义新胜利。

1. 穿合脚的鞋走自己的路

一棵大树没有两片完全相同的树叶。同样，世界各国的发展也没有完全相同的道路。

"鞋子合不合脚，自己穿了才知道。"这是习近平总书记 2013 年 3 月出访俄罗斯时，在莫斯科国际关系学院演讲时提出的一个重要观点，被人们称为"鞋子论"。它是一个形象的比喻，严肃地提出了一个国家应该走什么样的发展道路、应该怎么去评价一个国家的发展道路的重大问题，鲜明强调"一个国家的发展道路合不合适，只有这个国家的人民才最有发言权"。

首先，它是对外作出的郑重宣示。无论是过去还是现在，中国一贯主张，各国和各国人民应该共同享受尊严，要坚持国家不分大小、强弱、贫富一律平等，尊重各国人民自主选择发展道路的权利，反对干涉别国内政，维护国际公平正义。同时，它也是对内的深刻提醒和强调。中国近代以来 170 多年的历史，归结到一点，就是探索一条实现现代化和民族复兴的道路。经过这 100 多年屈辱和抗争、流血和牺牲、光荣和梦想、挫折和成功交织的历程，我们走出了一条中国特色社会主义道路，并且在这条道路上取得了巨大成就，使人民得到了看得见、摸得着的实惠，使中华民族伟大复兴展现出无比光明的前景。今天，我们应当怎么看这条道路？用什么标准来评价这条道路？还应不应坚持走这条道路？这是摆在中国人民面前的一个十分严肃的问题。

实际上，用穿"鞋子"来比喻选择国家发展道路问题，有着深刻的国际国内背景，有着很强的现实针对性。从国际上来看，和平与发展仍然是世界的主题，是世界各国人民的共同愿望，但长期以来这两个问题一个也没有解决。特别是广大发展中国家一直都在进行艰苦探索，都力图找到适合自己特点的现代化道路。"冷战"结束以后，以美国为首的西方国家抛出"历史终结论"，凭借他们在经济、科技方面长期占优势的地位，凭借他们对一些国际组织的主导和对国际舆论的操控，利用各种手段和方式，把西方价值观和制度模式包装成"普世价值"，加紧对发展中国家兜售以新自由主义为核心的"华盛顿共识"，使一些发展中国家陷入发展陷阱而不自知。有没有、能不能、怎么样找到一条符合自身国情的现代化道路，是广大发展中国家面临的一个十分紧迫的课题。

从国内看，自 20 世纪 70 年代末 80 年代初以来，我们党深刻总结正反两方面的经验教训，毅然决然地作出把工作中心转移到现代化建设上来、实行改革开放的历史性决策，开始了从理论到实践的一系列伟大创造。经过几代领导人的接力探索，我们成功地开创和发展了中国特色社会主义道路，取得了举世瞩目的伟大成就。但是正如邓小平同志曾指出的："发展起来以后的问题不比不发展时少"。现在在社会上，有些人对我们面临形势的判断、对我们走过的道路的认识提出了种种疑问，对中国的发展前景和发展模式不那么有信心。特别是西方敌对势力把中国的发展视为威胁，加紧对我国进行思想文化渗透，更是在一些人头脑中造成了思想混乱。因此，从理论和实践、历史和现实的结合上，把举什么旗、走什么路、朝着什么目标前进等根本问题讲清楚讲透彻，就显得十分必要和迫切。

习近平总书记关于"鞋子"的比喻，庄重中含有幽默，平实中又见风趣，既十分生动形象，又非常通俗易懂。众所周知，每个人都要穿一双适合自己脚的鞋子，这样才能更好地走自己的路。但鞋子到底合不合脚，只有穿了才知道。如果你所穿的鞋子并不适合自己，不是大了——穿上无法走路，就是小了穿不上，或者勉强穿上，脚就会不舒服。所有人都有选择鞋子合不合自己脚的权利，而不能强迫人家穿不适合不喜欢的鞋子。同样的道理，每一个国家都有选择适合本国发展道路的权利，他国无权横加干涉，或说三道四，或强迫人家走同一条发展道路。因为每个国家的历史传统、文化积淀、基本国情都有所不同，同一条发展道路并不适合所有的国家。特别是对中国这样一个经济文化比较落后的东方大国来说，无论是干革命、搞建设、抓改革，都要独立自主走自己的路。如果照搬照抄他国的经验，往往就会吃大亏。经过党和人民长期艰辛探索，我们成功开创、坚持、发展了

中国特色社会主义发展道路。实践雄辩地证明，中国特色社会主义道路是当代中国发展进步的唯一正确的道路，是发展中国、稳定中国的必由之路。我们将坚定不移沿着这条我们自己选择的道路走下去，也坚定支持世界各国根据本国国情选择的发展道路。

对道路问题的思考和宣示，道出了中国领导人对于各国发展模式差异的认识和对国际秩序的主张，也彰显了中国人民的道路自信和对实现中国梦的坚定信念。对此要有全面而深刻的把握。

　　第一，坚持"穿适合自己的鞋"，走"适合自己的路"。一个国家选择什么样的发展道路，不能由外界定夺和强加。历史和实践充分证明，只有走中国人民自己选择的道路，走适合中国国情的道路，才能走得通、走得好。在这个根本问题上，不能有丝毫动摇。

　　第二，坚持和完善我们自己的制度模式。新中国成立60多年特别是改革开放30多年来，我们之所以取得举世瞩目的发展成就，十分重要的就是形成了符合我国国情的中国特色社会主义的制度体系，为中国发展进步提供了根本制度保障。现在，西方一些国家虽然不得不承认中国的经济成就，但从来没有也不可能认可这背后的制度原因，而是把中国的发展壮大视为对其制度模式的威胁。我们要坚定制度自信，毫不动摇地坚持中国特色社会主义制度，并在实践中通过改革不断发展和完善，使其更加成熟、更加定型。

　　第三，要警惕西方的"鞋子兜售"。当今国际政治的现实是，越来越多的国家希望走自己的路，但仍然有一些国家和政治势力"身体已经进入21世纪，而脑袋还停留在过去"，停留在冷战思维的框架里，极力把自己的"鞋"兜售给别国。比如，有些人大肆宣扬所谓的"宪政民主""普世价值"，他们是真的要说什么"宪政民主""普世价值"吗？根本不是，他们是挂羊头卖狗肉，目的就是要同我们争夺阵地、争夺人心、争夺群众，最终推翻中国共产党领导和中国社会主义制度。对此，必须保持足够的清醒和警惕。

2014年5月，即将卸任的阿富汗总统卡尔扎伊在访华期间接受记者采访。

实际上，随着中国持续快速发展和综合国力的大幅提升，中国的发展经验和发展道路日益引起国际社会的浓厚兴趣，特别是一些发展中国家从中看到了探索符合自身发展道路的希望。2014年5月，即将卸任的阿富汗总统卡尔扎伊在访华期间接受记者采访时说，中国在不到40年里成为世界第二大经济体，让亿万人民脱离贫困，还促进教育普及和基础设施的建设，对于阿富汗这样渴望发展、扩大教育和建设基础设施，同时失去30年发展时间的国家来说，这是最好的发展模式。卡尔扎伊表示："如果阿富汗有机会重新选择的话，一定会走中国式的发展道路。因为它行动高效，决策果断，以结果为导向，是一个很好的模式，为所有人带来积极的结果。"

2. 搞清中国道路的特色和优势

对于特色这个词，中国的老百姓是最熟悉不过的了。自从 1984 年邓小平同志在中共十二大开幕词中提出"走自己的路，建设有中国特色的社会主义"的响亮命题后，标志着改革开放后中国共产党成功地开创了中国特色社会主义这个崭新道路。由此，"中国特色"这个词就注定成为这 30 多年中国社会的一个主题词、高频词。那么，这么多年来，我们一直讲坚持、发展中国特色社会主义，这个"中国特色"是什么？到底"特"在哪里呢？这是现实生活中人们经常提出的一个重大问题，又是一个必须给予明确回答的问题。

对任何一个事物，如果从不同的角度去看，往往会有不同的表现形态。对社会主义的认识也是如此。如果从不同的维度观察，社会主义既是一种实践形态，也是一种理论形态，还是一种制度形态。那么中国特色社会主义也是这样，它是实践、理论、制度紧密结合的，既把成功的实践上升为理论，又以正确的理论指导新的实践，还把实践中已见成效的方针政策及时上升为党和国家的制度，由此形成了中国特色社会主义道路、理论体系、制度。习近平总书记 2012 年11 月在中央政治局第一次集体学习时指出："中国特色社会主义特就特在其道路、理论体系、制度上，特就特在其实现途径、行动指南、根本保障的内在联系上，特就特在这三者统一于中国特色社会主义伟大实践上。"

可以说，中国特色社会主义有着丰富、深刻的内涵，体现在实践上，就是开创了中国特色社会主义道路；体现在理论上，就是形成了中国特色社会主义理论体系；体现在制度上，就是创建了中国特色社会主义制度，分别是中国特色社会主义的实践形态、理论形态、制度形态。这三种形态有着密切的联系，实践形态是理论、制度的基础，理论形态是实践、制度的反映和指引，制度形态是实践、理论的固化和保障，三者互相联系、互相作用构成统一的社会形态。因此，把握中国特色社会主义，就要从这三个角度去理解，把握好它的实践特色、理论特色、制度特色及其相互联系。

第一，要把握其实践特色。首先，中国特色社会主义不是任何人主观臆想的产物，而是在实践中干出来、闯出来的。近代以来，中华民族面临着相互联系的两大历史任务，一个是实现民族独立和人民解放，一个是实现国家富强和人民幸福，说明白点，一个是要"站起来"，一个是要"富起来"。回望历史，"站起来"的过程充满曲折，对原有体制不动"刀子"搞洋务不行，小打小闹搞"维新"不行，搞全盘西化、多党制走不通……直到以毛泽东同志为代表的中国共产党带领人民经过浴血奋战、建立起新中国，才完成了"站起来"的任务。但是，在一个经济文化落后的东方大国怎样走出一条现代化建设路子，让国家和人民"富起来"，仍然是十分艰巨的任务。改革开放前的近30年我们取得了重大成就，但也经历了重大挫折，甚至发生"文化大革命"那样的全局性错误。直到改革开放这 30 多年，我们党经过几代领导人的接力探索，才成功地走出了一条中国特色社会主义道路，取得了举世瞩目的成就，离"富起来"的目标越来越近了。实践表明，这条道路，既不是"传统的"，也不是"外来的"，更不是"西化的"，而是我们"独创的"，只有这条道路而没有别的道路能够引领中国进步、实现人民福祉。

第二，要把握其理论特色。实践和理论是密不可分的。习近平总书记曾指出，我们党有一个巨大的理论优势，就是高度重视理论建设，重视推进实践基础上的理论创新，并坚持用理论创新成果武装全党，把理论成果转化成推进事业发展的巨大力量。这个优势，贯穿我们党革命、建设、改革的整个过程。就改革开放这 30 多年而言，我们之所以能走出一条新路，首先是从思想理论上拨乱反正、恢复和重新确立实事求是的马克思主义思想路线开始的，由此打开了新时期理论和实践创造的广阔空间。30 多年来，我们党紧紧围绕什么是社会主义、怎样建设社会主义，建设什么样的党、怎样建党，实现什么样的发展、怎样发展这三大基本问题，进行了坚持不懈的探索，创造性地提出了一系列紧密联系、相互贯通的新思想新观点新论断，比如关于社会主义初级阶段、社会主义市场经济、社会主义本质、社会主义政治文明、社会主义核心价值体系、社会主义和谐社会、社会主义生态文明等的理论，形成了中国特色社会主义理论体系。这个理论体系，包括邓小平理论、"三个代表"重要思想、科学发展观在内，是科学社会主义的"中国版本"，是深深扎

根中国大地、符合中国实际的当代中国马克思主义，是我们胜利前进的行动指南。

第三，要把握其制度特色。从某种程度上说，新中国成立后，我们探索建设社会主义的过程、推进改革开放的过程，本身也是探索和完善国家各方面制度和体制机制的过程。经过 60 多年的努力，已经形成了一整套的制度体系，我们把它叫作中国特色社会主义制度。中国特色社会主义制度，既姓"社"，又有鲜明中国特色，是植根于中国的历史传统和现实国情，升华于革命、建设、改革的实践成果。这个制度，包括人民代表大会制度的根本政治制度，中国共产党领导的多党合作和政治协商制度、民族区域自治制度以及基层群众自治制度等基本政治制度，中国特色社会主义法律体系，公有制为主体、多种所有制经济共同发展的基本经济制度，以及建立在这些制度基础上的经济体制、政治体制、文化体制、社会体制等各项具体制度。这个制度，坚持把根本政治制度、基本政治制度同基本经济制度以及各方面体制机制等具体制度有机结合起来，坚持把国家层面民主制度同基层民主制度有机结合起来，坚持把党的领导、人民当家作主、依法治国有机结合起来，符合我国国情，既坚持了社会主义的根本性质，又借鉴了古今中外制度建设的有益成果，集中体现了中国特色社会主义的特点和优势，是中国发展进步的根本制度保障。

把握好这三个特色，也就从整体上把握了中国特色社会主义，把握了它"为什么特""特在哪里"，才能使我们的道路自信、理论自信、制度自信有深厚的基础，从而把我们党和国家的事业不断推向前进。

同时也要清醒看到，改革开放以来中国一直是在种种"崩溃论""威胁论"等伴奏下过来的。特别是国际金融危机后这几年，同欧美一些国家受困于金融危机相比，同一些发展中国家陷入发展陷阱相比，同西亚北非一些国家政治动荡、社会混乱相比，中国的发展状况让人刮目相看，以致在国际上引起对中国发展道路的广泛关注和浓厚兴趣。但另一方面，也有些舆论提出中国究竟搞的还是不是社会主义的疑问，有人说是"国家资本主义"，有人说是"新官僚资本主义"或"权贵资本主义"。对这些观点，到底应当怎么认识呢？

比如，所谓"国家资本主义"，本来是国际共产主义文献的专门术语，但自 2008 年国际金融危机以来，西方媒体和部分学者开始以新的含义使用这一概念，用以描述以中国为代表的一些新兴经济体。2012 年，西方有的国家领导人在多个场合发表演讲谈及"国家资本主义"，认为"'国家资本主义'的兴起构成经济和战略挑战"，应该积极研究应对措施。以此为标志，这一概念就被政治化，用作对付中国等新兴经济体的武器。他们将中国发展模式贴上"国家资本主义"的标签，宣扬"中国式国家资本主义是全球最大威胁""挑战世界秩序"，鼓动其他国家画线站队，发起 TPP 并将中国排除在外，企图以此遏制中国经济发展势头。其次，也是企图在危机背景下为西方发展模式辩护，试图制造所谓国家资本主义与西方自由资本主义的矛盾和对立，为新自由主义的政策和恶果辩护，进而继续维护国际垄断资本和各国垄断寡头的狭隘利益。同时，也是意图阻吓发展中国家选择自己发展道路的努力，宣称属于国家资本主义阵营的都是专制国家，不擅长科技创新，会导致不自由、腐败和最终失败，会对自由市场经济构成危险并危及民主制度。当然，他们的目的也是想借"国家资本主义"之名攻击中国特色社会主义，力图曲解、贬低和污蔑中国特色社会主义道路，从而给中国国内社会舆论造成误导和破坏，削弱中国发展道路的合法性。

其实对种种这些观点和主张，只要我们细细琢磨琢磨就知道，它们有的是思想认识误区，也有的是别有用心；有的是想把我们拉回老路上去，有的是想把我们引到其邪路上去。对此，我们必须始终保持清醒头脑，作出正确判断，认清其本质和危害。

3. 在道路问题上要有强大定力

定力，是指处事中把握自己的意志力。对一个人来说，有定力就是正念坚固，如净水无波，不随物流、不为境转，光明磊落，坦荡无私，不被假象所迷惑，不为名利而动心。这里我们强调的，是指在国家发展道路问题上要有定力，就是要始终坚持自己选择并经实践证明是正确的道路。

风云变幻，最需要的是战略定力。对于定力问题，党的十八大以来，习近平总书记在诸多场合多次加以强调。他指出："在相当长时期内，初级阶段的社会主义还必须同生产力更发达的资本主义长期合作和斗争，还必须认真学习和借鉴资本主义创造的有益文明成果，甚至必须面对被人们用西方发达国家的长处来比较我国社会主义发展中的不足并加以指责的现实。我们必须有很强大的战略定力，坚决抵制抛弃社会主义的各种错误主张，自觉纠正超越阶段的错误观念。"他强调，我们走自己的路，具有无比广阔的舞台，具有无比深厚的历史底蕴，具有无比强大的前进定力。

中国特色社会主义道路，是由我们独特的文化传统、历史命运、基本国情决定的，其正确性已被过去 30 多年实践所证明，其优越性已体现在各国发展竞赛成绩单的比较上，是实现我国社会主义现代化的必由之路。今后我们要攻坚克难，续创发展的中国奇迹，根本在于要保持强大前进定力，做到经得住任何考验和干扰，绝不犯颠覆性错误，既不走僵化封闭的老路，也不走改旗易帜的邪路。

首先，要坚定不移地走我们自己选择的为实践所证明的中国道路。中国道路的源头，可以上溯到中国近代史的开端，其探索贯穿近代以来的整个历史过程。170 多年前，鸦片战争的炮火和随之而来的一系列屈辱，震醒了停滞和封闭中的大清帝国，使天朝上国面临数千年未有之"大变局"。如何赶上时代潮流、实现国家的现代化，这是中华民族特别是其先进分子必须作出回答的历史课题。面对山河破碎、民生凋敝，中华民族的先进分子在苦难中觉醒和奋起，发出了"振兴中华"的集体呐喊。中国走什么路、朝什么方向发展，才能实现民族复兴的目标？围绕这个根本问题，无数志士仁人进行了前赴后继的艰难探索。在中国历史的大舞台上，各种主义和主张都出场了，也都破灭了；各种道路和方式都探索了，也都碰壁了；各种组织和政党都登台了，也都退出了。历史表明，什么君主立宪制、多党制、总统制，结果都行不通。正是通过反复比较和总结，中国人民最终选择马克思主义作为指导思想，选择中国共产党作为领导核心。我们党带领人民经过长期浴血奋斗，战胜内外敌人，实现了民族独立和人民解放，建立了社会主义新中国。新中国成立后，我们成功进行了社会主义改造，推进了大规模的社会主义建设，但后来由于各种原因特别是指导思想上"左"的错误，甚至发生"文化大革命"那样的严重内乱，使对社会主义的探索遭受严重挫折，但我们仍然积累了重要的思想、物质和制度成果。1978年12月召开的党的十一届三中全会，认真总结正反两方面经验，作出把工作中心转移到经济建设上来、实行改革开放的历史性决策。30多年来，经过几代人一以贯之的接力探索，我们党制定实施了一整套指导现代化建设的理论和路线方针政策，成功开创、坚持、发展了中国特色社会主义。这条道路源于历史、源于实践、源于人民，是发展和稳定中国的必由之路。

其次，在涉及道路和方向等重大原则问题上，旗帜要鲜明，态度要明确，不能有丝毫含糊。道路、方向问题，是关系我们的红色江山是否变质的大是大非问题，是关系国家长治久安的根本原则问题，必须坚定不移、毫不动摇。现在国内外一些人对中国的道路、制度模式、价值体系的议论、质疑、攻击很多，敌对势力大肆鼓吹搞西方政治制度模式，企图把中国纳入他们主导的政治轨道。对此，习近平总书记强调，"我们要有主张，有定力"，"在一些重大政治问题上，我们不能以西方政治制度模式为标准来看"，"绝不照搬西方政治制度模式，绝不会接受任何别国颐指气使的说教"。要增强中国特色社会主义道路自信、理论自信、制度自信，坚决抵制各种错误主张，不为任何风险所惧，不为任何干扰所惑，继续拓展和走好适合中国国情的发展道路，真正做到"咬定青山不放松"。

当然，强调增强定力并不意味着僵化保守、一成不变，而是要在坚守原则的同时，审时度势、因势利导、灵活应对；在确保大局稳定的前提下，积极进取、急流勇进、创新突破。中国道路为我们指明了前进的根本方向，但现实世界纷繁复杂、千变万化，可以预见和难以预见的困难和风险必定不少。我们必须顺应时代前进潮流，尊重人民首创精神，做到逢山开路、遇河架桥，这样才能把中国道路拓得更宽、筑得更远，使中国特色社会主义优势和潜能更充分发挥出来。

二、新起点上用什么凝聚人民

执政理政，必须团结和凝聚人民。适时提出具有强大凝聚力和吸引力的执政目标，是世界上不少国家执政党的共同追求，也是中国共产党的一个重要经验。在新的历史征程上，如何继续引领人民开拓中国发展更为广阔的前景？习近平总书记鲜明提出中华民族伟大复兴的中国梦，揭示了中华民族的前途命运和当代中国的发展走向，清晰勾画出民族复兴大业崭新的宏图巨章。"中国梦"三个字，朴实、简约，意蕴深刻、气象不凡，具有穿透历史和现实、沟通中国与世界的强大感染力，成为中国走向未来的鲜明指引，成为激励中华儿女团结奋进、开辟未来的一面精神旗帜。

4. 找到13亿人的最大公约数

梦想有多远，脚步就能走多远。纵观历史，大国崛起的过程，无不伴随着全体国民共同的梦想与奋斗，由此锻造出国家民族独特的气质与精神。这样的梦想，绝非一人一地一时的空想，而是回荡在全体国民心中的共同旋律，也正因此才具有超越时空的能量，成为一个国家不断前行的动力。

2012年11月29日，党的十八大刚刚闭幕不久，习近平总书记率中央政治局常委和中央书记处的同志来到国家博物馆，参观《复兴之路》展览。这个展览通过150多件珍贵

中国梦
就是咱的好日子

文物和 980 多张历史照片，真实再现了自 1840 年鸦片战争以来 100 多年间，陷入半殖民地半封建社会深渊的中国人民在屈辱和苦难中奋起抗争，为实现民族复兴上下求索，特别是中国共产党领导各族人民争取民族独立、人民解放、国家

富强、人民幸福的奋斗历程，展示了盛世中华团结和谐的繁荣景象。参观过程中，习近平总书记发表重要讲话，深情阐述了实现中华民族伟大复兴的中国梦。他指出："现在，大家都在讨论中国梦，我以为，实现中华民族伟大复兴，就是中华民族近代以来最伟大的梦想。这个梦想，凝聚了几代中国人的夙愿，体现了中华民族和中国人民的整体利益，是每一个中华儿女的共同期盼。"此后在一系列重要场合，习近平总书记对中国梦的科学内涵、精神实质和实践要求等进行了深刻阐释。

中国梦的提出，看似不经意，实则深思熟虑，意蕴深远——新一届中央领导集体接过历史的接力棒，面临的是经济体制深刻变革、社会结构深刻变动、利益格局深刻调整、思想观念深刻变化的中国。执政中国，当务之急就是凝聚共识，凝聚共识最重要的就是要找最大公约数。而中国梦就是凝聚13亿人意志和愿望的"最大公约数"。正如习近平总书记强调的，"中国梦是一种形象的表达，是一个最大公约数，是一种为群众易于接受的表述"。我们要从历史、现实与未来的紧密结合上，深刻理解中国梦的科学内涵和重大意义：

第一，为何要提出中国梦？紧跟时代发展步伐、把握中国现实要求，提出鼓舞人心的行动纲领和奋斗目标，是我们党带领人民推进事业发展的鲜明特征。从推翻"三座大山"到建设新中国，从实现"四个现代化"到全面建成小康社会，每一次纲领目标的提出，都照亮了我们的奋斗前程，凝聚了人民的奋进力量。经过长期的历史探索和艰苦实践，我们党成功开创和发展了中国特色社会主义，中华民族正迎来伟大复兴的光明前景。现在，我国逐步由发展中大国向现代化强国迈进，由中等收入国家向高收入国家迈进。可以说，我们已站上一个新的历史起点，进入一个新的历史时期，实现民族复兴已是大势所趋。提出伟大中国梦，与中华民族历史传统相承接，与当今中国发展大势相契合，确立了党和国家事业发展新的历史坐标，昭示了党和国家走向未来的宏伟图景。

第二，中国梦为何凝聚了几代中国人的夙愿？中华民族是有悠久历史的伟大民族，曾经长期走在世界前列，创造了举世瞩目的灿烂文明。但是，在近代以来由于闭关锁国错失历史机遇，以至于在很长一段时间内陷入被动挨打、山河破碎的悲惨境地。中华民族遭受的苦难之重、付出的牺牲之大，在世界历史上都是罕见的。但是，中国人民从不屈服，不断奋起抗争。历经上下求索、千辛万苦，中华民族终于在中国共产党的正确领导下，掌握了自己的命运，建立了新中国，确立了社会主义制度，开始了建设自己国家的伟大进程。改革开放以来，我们总结历史经验，不断艰辛探索，终于找到了实现中华民族伟大复兴的正确道路，取得了举世瞩目的伟大成就。在中国特色社会主义道路上，我国经济实力、综合国力大大增强，经济总量跃升至世界第二。人民生活显著改善，实现了从温饱不足到总体小康再向全面小康迈进的跨越。国际地位和国际影响力空前提升，中国崛起被国际媒体称为"近年来最重要的全球变革"。经过鸦片战争以来 170 多年的持续奋斗，中华民族伟大复兴展现出光明的前景。深藏于中国人心中的民族复兴梦想，终于不再是空中楼阁，而犹如地平线上跳动着的朝阳，喷薄而出。正如习近平总书记指出的："现在，我们比历史上任何时期都更接近中华民族伟大复兴的目标，比历史上任何时期都更有信心、有能力实现这个目标。"可以说，中国梦既深深体现了今天中国人的理想，也深深反映了中国人自古以来不懈追求进步的光荣传统，集中体现了近代以来 100 多年几代中国人的憧憬和追求。

第三，为何中国梦是中华儿女团结奋进的精神旗帜？只有创造过辉煌的民族，才懂得复兴的意义；只有经历过苦难的民族，才对复兴有如此深切的渴望。中国梦顺应了全国各族人民创造美好未来的热切期盼，反映了全体中华儿女梦寐以求的共同心愿。近代以后，中华民族历经沧桑、历经磨难，每一个中国人、每一个炎黄子孙都更加懂得民族复兴的意义。实现民族伟大复兴，体现了中华民族和中国人民的整体利益，深深扎根于中国人的心底，烙印在民族记忆的深处，成为全国各族人民的共同理想。可以说，中国梦道出了中国人民的心声，道出了海内外中华儿女的渴望，最具凝聚力感召力，最具广泛性包容性，是最大公约数，理所当然成为激励中华儿女团结奋进、开辟未来的一面旗帜。

5. 中国梦得其大又可兼其小

"家是最小国，国是千万家。"国泰则民安，民富则国强。

2015 年 3 月，中国从也门撤离 500 多名中国公民的行动，引发广泛关注和好评。"感谢祖国！"穿越战火、毫发无损地踏上回家之路的人们由衷欢呼。回想中国积贫积弱的年

从 2015 年 3 月 29 日到 4 月 6 日，中国政府分四批从战火纷飞的也门安全撤离了 600 多名中国公民，还协助来自 15 个国家的共 279 名外国公民安全撤离。这次撤侨，再次彰显中国政府保护我海外公民安全的坚定决心。

代，远赴海外的华人华侨遭遇战争和面对危机时，只能眼睁睁地看着其他国家的侨民安然撤离，或挤上他国的舰船、飞机逃难，不少人被当作"任人宰割的肥羊"。也门撤侨再一次深刻诠释了国家命运与个人命运的息息相关。

中国梦是民族的梦、国家的梦，也是每个中国人的梦。在当今中国，国家理念与人民期盼同声相应；个人梦想与民族梦想一脉相承。国家之梦，反映国民之梦；个人之梦，融为民族之梦。习近平总书记指出："国家好，民族好，大家才会好"。"'得其大者可以兼其小。'只有把人生理想融入国家和民族的事业中，才能最终成就一番事业。"这精辟阐述了中国梦与个人梦的内在关系。

历史告诉我们，每个人的前途命运都与国家和民族的前途命运紧密相连。中国梦的最大特点，就是把国家、民族和个人作为一个命运共同体，把国家利益、民族利益和每个人的具体利益紧紧联系在一起，体现了中华民族固有的"家国天下"的情怀。中国这么大一个国家，就像是在大海中航行的一艘超级巨轮，我们每个人在这艘巨轮上，都是"梦之队"的一员，都是中国梦的参与者、书写者，都应当同舟共济、齐心协力，推动"中华号"巨轮乘风破浪、奋力前行，才能抵达理想的彼岸。

在如何理解"中国梦"与"个人梦"的关系问题上，社会上还有一些不同的、不准确的认识。概括起来主要有两种观点：一是将二者对立起来，认为中国梦"太高大上"，"遥不可及、高不可攀"。二是对中国梦的理解简单化、功利化甚至庸俗化。有人认为，既然中国梦也是每个中国人的梦，那么，渴望生活幸福是中国梦，渴望事业成功也是中国梦，甚至涨工资、娶媳妇都是中国梦。这些都表明，对中国梦还需要有全面准确的认识。

"得其大者可以兼其小"，言简意赅地揭示了国家梦、民族梦与个人梦的关系，道出了中国梦的鲜明特点。正确理解中国梦"得其大"与"兼其小"的关系，需要把握以下几点。

第一，中国梦的本质是什么？习近平总书记明确指出：中国梦的本质是国家富强、民族振兴、人民幸福。可以说，这个梦想把国家的追求、民族的向往、人民的期盼融为一体，体现了中华民族和中国人民的整体利益，表达了每一个中华儿女的共同愿景。实现中国梦，意味着中国的经济实力和综合国力、国际地位和国际影响力大大提升，意味着中华民族以更加昂扬向上、文明开放的姿态屹立于世界民族之林，意味着中国人民过上更加幸福富裕安康的生活。正因为如此，它具有了广泛的包容性，成为回荡在 13 亿人心中的高昂旋律。

第二，为何中国梦也是每个中国人的梦？"万物并育而不相害，道并行而不相悖。""宏阔旷远"的中国梦，也是"具体而微"的个人梦。每个人都有自己的美好梦想，每个梦想都渴望蓬勃生长的空间。大学生想的也许是找份体面的工作，农民工操心的也许是孩子的上学，公务员也许渴望一个更加健康的政治生态……无论是物质追求、情感渴求还是精神需求，都离不开更加合理的价值平台、更为公平的参与机会。

中国梦的广阔舞台，为个人梦想提供了蓬勃生长的空间；每个人向着梦想的不断努力，又都是实现伟大中国梦的重要力量。只要我们大家紧密团结、万众一心，为实现共同梦想而奋斗，实现梦想的力量就无比强大，我们每个人为实现自己梦想的努力就拥有广阔的空间。

第三，为何靠实干才能托起中国梦？人间万事出艰辛。实现中华民族伟大复兴，是一项光荣而艰巨的事业，需要每一个人付出艰苦努力，用实干苦干托起中国梦。2012 年 12 月，习近平总书记在广东考察工作时强调："面向未来，全面建成小康社会要靠实干，基本实现现代化要靠实干，实现中华民族伟大复兴要靠实干。"如果只是纸上谈兵而不真抓实干，再宏伟的蓝图都会落空，再美好的梦想也不可能成真。我们每一个人既是梦想家又是实干家，既要胸怀理想又要脚踏实地，把自己的事情做扎实，把改革发展稳定的任务落实好，一步一个脚印地朝着梦想奋进。要在全社会大力弘扬真抓实干、埋头苦干的良好风尚，特别是各级领导干部要带头发扬实干精神，出实策、鼓实劲、办实事，不图虚名，不务虚功，以身作则带领群众把各项工作落到实处。

6. 梦想联结中国与世界

中国梦提出后，不仅在国内引发强烈共鸣，而且在国际社会产生强烈反响。"中国梦对世界具有吸引力","中国的梦想,不仅关乎中国的命运,也关系世界的命运",成为国际社会对中国梦的主流认识。尼日利亚前总统奥巴桑乔说,中国梦满足中国各行各业人士的心愿,符合中国对内对外政策的需要,从形式到内容都深入人心;中国梦不是政治口号,而是勾画了一个完全可以实现的愿景,很值得非洲学习;中国梦展现出中国新一届领导人的执政风格,中国共产党的"梦之队"将引领中国再次崛起,祝愿中国梦终将梦想成真。

但同时,国际社会也出现一些曲解和误读、疑虑和猜忌。有的认识偏差,称中国梦是"雪耻梦",意味着经济和军事利益的扩张;有的歪曲意图,称说我们推出中国梦意在弥合国内矛盾、巩固统治;也有一些人总是戴着有色眼镜看中国,认为中国发展起来了必然是一种"威胁",将中国梦曲解为"强权梦""扩张梦""霸权梦",甚至把中国描绘成一个可怕的"墨菲斯托",似乎哪一天中国就要摄取世界的灵魂。

如何看待中国梦与世界其他国家人民的梦想的关系,中国梦将给世界带来什么呢?

对此,习近平总书记在出访、接受国外媒体采访等一系列场合反复强调:"中国梦既是中国人民追求幸福的梦,也同各国人民追求幸福的梦想相通。国家好、民族好,大家才会好。世界好,中国才会好。"比如,2013年3月25日,在坦桑尼亚尼雷尔国际会议中心作题为《永远做可靠朋友和真诚伙伴》的演讲时指出："中非虽然远隔重洋，但我们的心是相通的。联结我们的不仅是深厚的传统友谊、密切的利益纽带，还有我们各自的梦想。"2013 年 5 月 31 日，在接受拉美三国媒体联合书面采访时指出："中国和拉美虽然远隔重洋，但我们的心是相通的。联结我们的不仅是深厚传统友谊、密切利益纽带，还有我们对美好梦想的共同追求。"2013 年 6 月 7 日，在同美国总统奥巴马共同会见记者时指出："中国梦要实现国家富强、民族复兴、人民幸福，是和平、发展、合作、共赢的梦，与包括美国梦在内的世界各国人民的美好梦想相通。"2013 年 10 月 2 日，在接受印度尼西亚和马来西亚媒体联合采访时指出："中国梦同东盟各国寻求国家发展振兴、人民富裕幸福的追求和梦想息息相通。"2013 年 11 月 2 日，在会见 21 世纪理事会北京会议外方代表时指出："中国梦与中国人民追求美好生活的梦想是相连的，也是与各国人民追求和平与发展的美好梦想相通的。"2014 年 5 月 15 日，在中国国际友好大会暨中国人民对外友好协会成立 60 周年纪念活动上的讲话中指出："中国梦既是中国人民追求幸福的梦，也同世界人民的梦想息息相通。中国将在实现中国梦的过程中，同世界各国一道，推动各国人民更好实现自己的梦想。"2014 年 6 月 28 日，在和平共处五项原则发表 60 周年纪念大会上的讲话中指出："中国梦同世界各国人民的美好梦想息息相通，中国人民愿意同各国人民在实现各自梦想的过程中相互支持、相互帮助，中国愿意同各国尤其是周边邻国共同发展、共同繁荣。"

强调中国梦与世界各国人民的美好梦想是相通的，生动阐释了中国梦追求和平与发展的内在属性，阐释了中国梦的世界意义，表明了中国人民致力于推动建设持久和平、共同繁荣的和谐世界的良好愿望。深刻理解中国梦与各国人民美好梦想的关系，需要把握以下几点。

第一，为何中国梦关系世界的命运？这是由中国日益提升的国际地位决定的。经过新中国成立60多年特别是改革开放30多年来的发展，中国经济实力跃居世界第二，综合国力大大增强，人民生活显著改善，国际地位空前提升，国际社会关于中国模式、中国经验、中国道路的讨论日渐升温。可以说，中国日益走向世界舞台的中央，世界关注的目光从"世界如何影响中国"到"中国如何影响世界"。中国不再是处于世界体系边缘的旁观者，也不再是国际秩序被动的接受者，而是积极的参与者和建设者。从当今世界发生的任何重大事件中都不难看到中国直接或间接的影响，"中国因素"已经成为影响当今世界历史进程的重要力量之一。

第二，为何中国梦与世界各国人民的美好梦想相通？世界各个国家、各个民族都有自己的梦想，但无论哪一个国家、哪一个民族的梦想，和平与发展都是重要的主题词。中国梦是追求和平的梦，中华民族历来就是爱好和平的民族，中国人民怕的就是动荡，求的就是稳定，盼的就是天下太平。中国不认同"国强必霸"的陈旧逻辑，决不会称霸，决不搞扩张。中国梦是致力于发展的梦，而且主要依靠自己的力量实现发展。作为一个13亿多人口的发展中大国，中国

中国海军护航编队出征亚丁湾、索马里海域已历经 6 年时间，在深蓝航线上书写着"中国梦"。

一心一意办好自己的事情，实现国家发展和稳定，本身就是对世界的巨大贡献，中国越发展，对世界和平与发展就越有利。同时，中国向来秉持尊重差异、倡导和谐的价值观念，倡导"各美其美，美人之美，美美与共，天下大同"，推动不同文明的共存和发展。在这个意义上讲，中国梦与世界各国人民的美好梦想必定是相通的。

第三，为何中国梦也将造福世界人民？"穷则独善其身，达则兼善天下。"这是长期以来中华民族始终崇尚的品德和胸怀。这些年，中国坚持合作共赢，越来越多的国家正从中国的发展中受益。据分析，近年来中国经济增长对世界经济增长的贡献率接近 30%。今后五年中国进口商品将超过 10

万亿美元，对外投资将超过 5000 亿美元，出境旅游将达 5
亿人次，这也将给世界其他国家带来巨大的商机。随着国力
不断增强，中国将进一步发挥负责任大国的作用，将在力所
能及的范围内承担更多国际责任和义务，为人类和平与发展
作出更大贡献。总之，中国强盛，世界受益，中国梦不仅造
福中国人民，而且也将造福世界各国人民。

三、"四个全面"如何布局中国未来

一个国家的工作涉及各个方面，政府的事务千头万绪。对执政者来说，必须观大势、谋大局、定大事，抓住重点和关键，善于从战略上进行谋划、思考，作出符合时代潮流和本国实际的布局和部署，这样才能纲举目张、以点带面，指引各项事业健康发展，取得人民满意的执政业绩。

党的十八大以来，以习近平同志为总书记的党中央，从坚持和发展中国特色社会主义全局出发，提出并形成了全面建成小康社会、全面深化改革、全面依法治国、全面从严治党的"四个全面"战略布局。2014 年 12 月 13 日，习近平总书记在江苏考察时首次完整地提出"四个全面"。2015 年 2 月 2 日，习总书记在省部级领导干部学习贯彻党的十八届四中全会精神专题研讨班上，进一步对"四个全面"作了阐发，明确把"四个全面"定位为"战略布局"，并对每个"全面"之间的辩证关系进行了深刻阐述。2 月 11 日，习总书记在与各民主党派中央、全国工商联负责人和无党派民主人士新春联欢茶话会上发表重要讲话，明确指出了"四个全面"提出的时代背景。4 月 28 日，在庆祝"五一"国际劳动节暨表彰全国劳动模范和先进工作者大会上，深刻阐述了"四个全面"战略布局的重大意义。此外，习总书记在中央政治局第二十次集体学习、全国政协新年茶话会、2015 年全国"两会"等重要场合发表的一系列讲话中，多次对"四个全面"战略布局进行了阐发和论述。

"四个全面"战略布局确立了新形势下中国发展的战略目标和战略举措，集中体现了新一届中央领导集体的治国理念和思路，为实现"两个一百年"奋斗目标、实现中华民族伟大复兴的中国梦提供了强有力的战略指引。协调推进"四个全面"战略布局，是当前和今后一个时期党和国家的工作大局，是观察中国未来发展大势的战略视角。

▍7. 全面小康描画中国目标

在革命、建设、改革的不同时期，提出相应的战略目标，用以动员和引领人民为之而奋斗，是我们党的一个重要领导方法。在"四个全面"战略布局的设计中，全面建成小康社会是战略目标，全面深化改革、全面依法治国、全面从严治党都是围绕这个目标、都是为这个目标服务的。习近平总书记强调，"我们所有奋斗都要聚焦于这个目标"。理解和把握"四个全面"战略布局，首先就是要理解好把握好全面建成小康社会的战略目标。

提到"小康"这个词，中国老百姓对它有着特殊的感情。它是一个充满传统文化色彩的概念，表达了人们对宽裕、殷实、安定生活的向往。20世纪70年代末，邓小平同志借古辞赋新意，把人均国民生产总值800至1000美元、低于发达国家现代化标准的"中国式的现代化"称为"小康之家""小康的中国"。后来邓小平同志又提出分三步走实现现代化的战略设想，小康就是其中的第二步战略目标。经过努力，世纪之交我们胜利实现了这个目标，人民生活总体上达到小康水平。2002年党的十六大，适时提出全面建设小康社会目标的新要求，2012年党的十八大将"全面建设小康社会"改为"全面建成小康社会"，进一步突出了目标的针对性和全面性，赋予小康更高的标准、更丰富的内涵。2020年全面建成小康社会，即第一个百年奋斗目标，是我们党作出的庄严承诺，是中华民族百年奋斗求索的历史性标杆，标志着我们向着实现中国梦迈出了至关重要的一步，将成为中华民族伟大复兴征程上的一座重要里程碑。

当岁月的车轮走过2015年，全面建成小康社会进入决胜阶段。党的十八届五中全会用"决胜"这个词，来形容进入全面建成小康社会最后五年我们所面临的形势和拥有的自信。风已至，鼓已擂，决战呼之欲出，成败在此一役。习近平总书记指出："完成这一战略任务，是我们的历史责任，也是我们的最大光荣。"

观大势、明大势，才能定大局、谋大事。放眼当今世界，国际政治经济形势总体上有利于维护世界和平与发展大局，世界经济在深度调整中曲折复苏，全球治理体系深刻变革，国际力量对比趋向平衡，我国发展具有相对稳定的外部环境。从国内看，我国物质基础雄厚、人力资本丰富、市场空间广阔、发展潜力巨大，经济长期向好基本面没有变。可以说，我国发展重大战略机遇期的判断没有改变。同时也要清醒看到，我们面临的任务艰巨，前进道路并不平坦，正如

扶贫攻坚是贵州的"第一民生工程"。贵州各级党委政府勇担扶贫责任，精准识别、分类施策帮扶到村到户等"组合拳"，确保每名贫困群众小康路上"不掉队"。

党的十八届五中全会所说，"面临诸多矛盾叠加、风险隐患增多的严峻挑战"。如果应对不好，就会延误甚至中断全面建成小康社会进程。

面对全面建成小康社会的既定目标，面对当前的国内外形势，十八届五中全会对今后五年发展作出全面部署，明确提出了"十三五"时期我国发展的指导思想、基本原则、目标任务、基本理念、重大举措，描绘了我国经济社会发展的宏伟蓝图。特别是全会鲜明提出创新、协调、绿色、开放、共享五大发展理念，集中体现了今后五年乃至更长时期我国发展思路、发展方向、发展着力点，是我们党的重大理论创新，也是这次全会的突出贡献和亮点。

如何贯彻"四个全面"战略布局、落实五大发展理念，决胜全面建成小康社会？关键是要深刻学习领会十八届五中全会精神，紧紧围绕全会确定的目标任务，全面落实全会关于经济会社发展的各项决策部署，进一步创新发展理念、调整发展思路、完善发展举措，更好地开拓发展新境界。特别是要针对发展中的突出矛盾和困难，着力攻坚克难，在解决好重点难点问题上决战决胜。

第一，在转方式、调结构上决战决胜，着力解决好发展质量和效益问题。发展是基础，经济不发展，一切都无从谈起。改革开放以来我们聚精会神搞建设、一心一意谋发展，取得了骄人的成绩。实现全面建成小康社会奋斗目标，仍然要把发展作为第一要务，努力使发展达到一个新水平。发展是硬道理的战略思想要坚定不移，同时必须坚持科学发展，加大结构性改革力度，坚持以提高发展质量和效益为中心，实现更高质量、更有效率、更加公平、更可持续的发展。当前，我国经济下行压力很大，这其中有全球性、阶段性因素的影响，但根本上是结构性问题。提高发展质量和效益，关键是要加快转变经济发展方式、调整经济结构，采取果断措施化解过剩产能。"十三五"时期是转方式、调结构的重要窗口期，必须加快转方式、调结构步伐，决不能图短期经济增长而实行刺激政策，从而透支未来增长。要贯彻五中全会《建议》提出的具体部署和任务要求，实现有质量、

有效益的发展，以结构深度调整、振兴实体经济为主线完善相关政策，构建产业新体系，加快建设制造强国，加快发展现代服务业。转方式、调结构的基础动力在创新，要推动新技术、新产业、新业态蓬勃发展，瞄准世界科技前沿，形成一批重大创新成果，推进科技成果产业化，使创新成果变成实实在在的经济活力，形成新的产品群、产业群。

第二，在补短板上决战决胜，着力解决好发展不平衡的问题。全面建成小康社会，强调的不仅是小康，而且更重要的是全面，更难做到的也是全面。小康讲的是发展水平，全面讲的是发展的平衡性、协调性、可持续性。从全面小康覆盖领域上看，是 "五位一体" 全面发展的小康，必须在坚持以经济建设为中心的同时，全面推进经济建设、政治建设、文化建设、社会建设、生态文明建设，促进现代化建设各个环节、各个方面协调发展，不能长的很长、短的很短。从全面小康覆盖的人口看，是惠及全体人民的小康。习近平总书记多次强调 "小康不小康，关键看老乡"，强调全面建成小康社会，最艰巨最繁重的任务在农村，特别是在贫困地区。没有农村的小康，特别是没有贫困地区的小康，就没有全面建成小康社会。农村贫困人口脱贫是最突出的短板。《建议》把农村贫困人口脱贫作为全面建成小康社会的基本标志，强调要实施精准扶贫、精准脱贫，以更大决心、更精准思路、更有力措施，采取超常规举措，实施脱贫攻坚工程，确保我国现有标准下农村贫困人口实现脱贫、贫困县全部摘帽、解决区域性整体贫困。具体地讲，到 2020 年，通过产业扶持，可以解决 3000 万人脱贫；通过转移就业，可以解决 1000 万人脱贫；通过易地搬迁，可以解决 1000 万人脱贫，总计 5000 万人左右。还有 2000 多万完全或部分丧失劳动能力的贫困人口，可以通过全部纳入低保覆盖范围，实现社保政策兜底脱贫。

第三，在提升民生水平上决战决胜，让全体人民共享改革发展成果。五中全会提出，"必须坚持以人民为中心的发展思想，把增进人民福祉、促进人的全面发展作为发展的出发点和落脚点"。全面建成小康社会最突出的问题主要在民生领域，发展不全面的问题很大程度上也表现在不同社会群体民生保障方面。要按照人人参与、人人尽力、人人享有的要求，坚守底线、突出重点、完善制度、引导预期，注重机会公平，着力保障基本民生。要重点加强基本公共服务，坚持普惠性、保基本、均等化、可持续的方向，从解决人民最关心最直接最现实的利益问题入手，增强政府职责，提高公共服务共建能力和共享水平。特别是加大对革命老区、民族地区、边疆地区、贫困地区基本公共服务的支持力度，加强对特定人群特殊困难的帮扶，在此基础上做好教育、收入分配、社会保障、医疗卫生等各领域民生工作。

8. 全面深化改革激发中国动力

治国理政总会碰到各种矛盾和问题，特别是一些棘手的体制难题，这对执政者来说是很大的挑战。能不能有自我革新的勇气，有锐意进取的精神，在很大程度上也决定着国家的发展前途。

对中国共产党来说，改革始终是这30多年高扬的旗帜，是我们党最鲜明的特征。我们党执政理政，为什么要把改革置于如此突出的位置？一是由于新中国成立后我们建立了一套高度集中的计划经济体制以及一整套与此相适应的观念和各方面体制机制，实践证明它不符合现阶段的国情，在探索中我们确立了建立社会主义市场经济体制的改革目标，这一

浙江省嘉善县推进行政审批制度改革，全面优化审批流程。图为零审批项目绿色通道。

改革过程并未完成。二是时代和实践在发展，原来管用的东西也过时了，必须通过改革加以完善。正因为如此，十八大后我们党在关于中国未来的战略布局中，就把全面深化改革作为一个重要内容纳入其中了。

　　具体来说，在"四个全面"战略布局中，全面深化改革处于关键部位，是决定实现中国未来奋斗目标的关键一招。全面深化改革不仅为全面建成小康社会提供强大动力，也是全面依法治国、全面从严治党的需要，无论法治建设、党的建设，都需要改革的精神、改革的举措。协调推进"四个全面"战略布局，必须坚定不移、奋发有为地推进全面深化改革。

20世纪70年代末，我们党在对"文化大革命"进行深刻反思、对中国发展落后进行深刻反思、对国际形势进行深刻反思的基础上，作出实行改革开放的历史性决策。30多年来，中国人民的面貌、社会主义中国的面貌、中国共产党的面貌能发生如此深刻的变化，我们能在国际社会赢得举足轻重的地位，靠的就是坚持不懈推进改革开放。实践充分证明，改革开放是中国"赶上时代"的重要法宝，是党和国家保持生机活力的关键。没有改革开放，我们就不可能有今天这样的局面。

早在1993年，邓小平同志就指出："发展起来以后的问题不比不发展时少。"经过党的十一届三中全会以来30多年的发展，我们的改革到了一个新的历史关头。当代中国正处于爬坡过坎的紧要关口，进入改革攻坚期、发展关键期、矛盾凸显期，许多问题相互交织、叠加呈现。习近平总书记指出："中国改革经过三十多年，已进入深水区，可以说，容易的、皆大欢喜的改革已经完成了，好吃的肉都吃掉了，剩下的都是难啃的硬骨头。"

强调改革是"啃硬骨头"，突出地表明推进改革的艰巨性和复杂性。对此习近平总书记在一系列讲话中反复加以阐述。比如，2012年12月他在广东考察工作时指出，要"敢于啃硬骨头，敢于涉险滩，既勇于冲破思想观念的障碍，又勇于突破利益固化的藩篱"。2013年11月在党的十八届三中全会上指出："经过35年不断改革，很多容易改的问题已经得到有效解决，留下的大都是比较难啃的硬骨头，甚至牵动全局的敏感问题和重大问题。不断解决好前进道路上面临的问题，是我们这一代人的责任。"2014年4月1日在布鲁日欧洲学院的演讲中指出："中国已经进入改革的深水区，需要解决的都是难啃的硬骨头，这个时候需要有'明知山有虎，偏向虎山行'的勇气，不断把改革推向前进。"这体现了新一届中央领导集体坚定不移深化改革的信心和决心，体现了强烈的进取意识、机遇意识、责任意识。要深刻认识全面深化改革的重大意义，增强改革的信心和勇气，就要理解把握这样几个问题。

第一，为何剩下的都是硬骨头？我国改革开放经过了一个先易后难、先试验后总结再推广不断积累的过程，经过了从农村到城市、从沿海到内地、从局部到整体不断深化的过程。这种渐进式改革，避免了因情况不明、举措不当而引起的社会动荡，为稳步推进改革、顺利实现目标提供了保证。但同时，在这个过程中也形成并积累了一些矛盾和问题，现在到了必须破解的时候了。这其中，有的牵涉复杂的部门利益，有的在思想认识上难以统一，有的要触动一些人的"奶酪"，有的需要多方面配合、多措施并举。如果说，改革启动之初是"荒原探路"，现在则是"深海破冰"；如果说，改革启动之初多是皆大欢喜的普惠式改革，现在则是触动利益格局的闯关夺隘。"触及利益比触及灵魂还难"，因此全面深化改革更需要"杀出一条血路来"的气魄，更需要"壮士断腕"的勇气和决心。

　　第二，中国的改革停滞了吗？国内外有些人说中国患上了"改革疲劳症"，怎么看这个问题？毋庸讳言，与过去皆大欢喜的普惠式改革相比，今天的改革很难让所有人兴奋。革思想的命、削手中的权、去自己的利，不是每个部门都愿改，也不是每个群体都想改。于是，那种"会有风险"的说辞，"再等一等"的要求不时出现，一些干部群众的"改革疲劳症""改革疑虑症"也开始萌生。但我们党在这个问题

上海等 6 个省市先行进行司法改革试点。

上，头脑是清醒的，态度是坚决和一贯的，反复强调"把改革创新精神贯彻到治国理政各个环节"，强调"停顿和倒退没有出路"。这些年，我国改革的步伐始终没有停歇，正是改革的强大动力推动着中国巨轮劈风斩浪、一往无前。

第三，为何除了深化改革别无他途？面对发展中不平衡、不协调、不可持续的突出问题，面对明显增多的社会矛盾，面对教育、就业、社会保障、医疗、住房、生态环境、食品药品安全、安全生产、社会治安、执法司法等关系群众切身利益的问题，面对党内的消极腐败现象，如何解决？唯有改革。改革仍是中国发展的最大红利。改革有困难，不改革会更困难。唯有改革，才能进一步释放巨大红利，进一步激发全社会的活力和动力，进一步打开中国发展的广阔空间。倘若没有那么一股劲儿，不敢、不想、不愿触碰矛盾问题，不但改革无法深入推进，发展也很难乘势而上。

"彩虹往往出现在风雨之后。有句话说得好，没有比人更高的山，没有比脚更长的路。再高的山、再长的路，只要我们锲而不舍前进，就有达到目的的那一天。"2013年10月，习近平总书记在亚太经合组织工商领导人峰会上的演讲中这样说。他反复强调，改革面临的矛盾越多、难度越大，越要坚定与时俱进、攻坚克难的信心，越要有进取意识、进取精神、进取毅力，越要有"明知山有虎，偏向虎山行"的勇气，敢于啃硬骨头，敢于涉险滩，敢于向积存多年的顽瘴痼疾开刀，坚决打好全面深化改革这场攻坚战。要勇于冲破思想观念的束缚，勇于突破利益固化的藩篱。破除妨碍改革发展的那些思维定式，顺应潮流、与时俱进，做好承受改革压力和改革代价的思想准备，对党和人民事业有利的，对最广大人民有利的，对实现党和国家兴旺发达、长治久安有利的，该改的就要坚定不移改。改革必然触及利益，碰到各种复杂关系的羁绊，要有勇气、有胆识、有担当，敢于出招、敢于得罪人、敢于突破既得利益，真正让改革落地。

9.全面依法治国构筑中国秩序

治律是治国之重器，法治是执政的基本方式。这是总结世界各国的历史经验包括中国自身实践得出的基本结论。正因为如此，中国共产党才把依法治国确立为治国的基本方略，把全面推进依法治国作为中国未来战略布局的重要内容。

在"四个全面"战略布局中，全面依法治国本身就是全面建成小康社会的重要目标，同时又为全面建成小康社会提供法治保障；它与全面深化改革是姊妹篇，是全面建成小康社会的车之两轮、鸟之两翼，无论是全面深化改革，还是全面从严治党，都需要法治思维法治方式，都需要在法治轨道上、在法治的框架下来进行。习近平总书记指出，"做好全面依法治国各项工作意义十分重大。没有全面依法治国，我们就治不好国、理不好政，我们的战略布局就会落空"。

全面推进依法治国是国家治理领域一场广泛而深刻的革命，是一项极为复杂的系统工程。虽不像全面深化改革那样全面涉及经济、政治、文化、社会生态文明、国防和军队建设、党的建设等领域，但也不可避免涉及改革发展稳定、治党治国治军、内政外交国防等各个领域，涉及面、覆盖面都不小。那么，全面依法治国应该从哪里切入，如何推进？习近平总书记在关于十八届四中全会《决定》的说明中指出："全面推进依法治国涉及很多方面，在实际工作中必须有一个总揽全局、牵引各方的总抓手，这个总抓手就是建设中国特色社会主义法治体系。依法治国各项工作都要围绕这个总抓手来谋划、来推进。"中国特色社会主义法治体系是一个内容丰富的整体，作为法治建设的总抓手，在全面依法治国中具有牵引作用，为全面依法治国绘制出路线图，指明了具体路径，必将促进依法治国理论和实践提高到一个新水平。

第一，要把握中国特色社会主义法治体系的内涵。这个法治体系由五个方面组成，即完备的法律规范体系、高效的法治实施体系、严密的法治监督体系、有力的法治保障体系以及完善的党内法规体系。这个"4+1"组成的五大体系，涵盖了法律制定与法律实施、法治运行与保障机制、依法治国与从严治党等各个层面、各个环节，是中国特色社会主义法治体系的具体展开和有力支撑。要坚持立法先行，坚持立改废释并举，加快完善法律、行政法规、地方性法规体系，完善包括市民公约、乡规民约、行业规章、团体章程在内的社会规范体系，为全面推进依法治国提供基本遵循。要加快建设包括宪法实施和执法、司法、守法等方面的体制机制，坚持依法行政和公正司法，确保宪法法律全面有效实施。要加强党内监督、人大监督、民主监督、行政监督、司法监督、审计监督、社会监督、舆论监督，努力形成科学有效的权力运行和监督体系，增强监督合力和实效。

全面推进依法治国，需要我们党以法治思维和法治方式管党治党、执政兴国。党内法规既是管党治党的重要依据，也是建设社会主义法治国家的有力保障。目前，党内法规的系统性、整体性和与国家法律的协调性不够。要完善党内法规制定体制机制，注重党内法规同国家法律的衔接和协调，构建以党章为根本、若干配套党内法规为支撑的党内法规制度体系，提高党内法规执行力。党章等党规对党员的要求比法律要求更高，党员不仅要严格遵守法律法规，而且要严格遵守党章等党规，对自己提出更高要求。

第二，要把握中国特色社会主义法治体系建设的重点任务。这就是科学立法、严格执法、公正司法、全民守法。这四个方面、16个字，明确了全面推进依法治国的重点环节，其中科学立法是前提，严格执法是关键，公正司法是保障，全民守法是基础。推进科学立法，关键是完善立法体制，深入推进科学立法、民主立法，提高立法质量；推进严格执法，重点是解决执法不规范、不严格、不透明、不文明以及不作为、乱作为等突出问题；推进公正司法，要以优化司法职权配置为重点，健全司法权力分工负责、相互配合、相互制约的制度安排；推进全民守法，要加强法治宣传教育，着力增强全民法治观念。

第三，要把握中国特色社会主义法治体系建设的重大原则。党的十八届四中全会《决定》明确提出了必须坚持的五个重要原则，即坚持中国共产党的领导、坚持人民主体地位、坚持法律面前人人平等、坚持依法治国和以德治国相结合、坚持从中国实际出发。这五个重要原则，回答了社会普遍关心的法治领域许多重大问题，明确了中国法治建设往哪儿推进、怎么推进的问题，是走好中国特色社会主义法治道路的根本指引。

10. 全面从严治党锻造中国之舵

对一个国家来说，执政者的状况如何，直接决定着国家

的治理状况。在当代中国，中国共产党代表人民长期执政，要执好政、成善政，就必须高度重视执政党自身建设。正是出于这个考虑，十八大后我们党坚持从严管党治党，把全面从严治党纳入"四个全面"的战略布局之中来统筹谋划、一体推进。从"四个全面"战略布局本身来看，全面从严治党是"四个全面"之魂，全面建成小康社会、全面深化改革、全面依法治国，都须臾不能离开党的领导。坚持党的领导、加强党的建设，才能提供正确方向指引和根本政治保证，才能凝聚起协调推进"四个全面"的强大共识和力量。

办好中国的事，关键在党。"打铁还需自身硬。我们的责任，就是同全党同志一道，坚持党要管党、从严治党，切实解决自身存在的突出问题，切实改进工作作风，密切联系群众，使我们党始终成为中国特色社会主义事业的坚强领导核心。"2012年11月15日，习近平总书记在新一届中央政治局常委同中外记者见面时的讲话，令人警醒、令人振奋。实现国家繁荣、人民幸福的奋斗目标，关键是抓好党的建设，切实解决存在的突出问题。自身硬了，就能筑牢根基、凝聚力量，任凭风浪起、稳坐钓鱼船。政党作为一种为实现特定目标而组织起来的政治组织，自身建设和管理的好坏，决定着其生存和发展。这些年来，世界上一些老牌执政党衰败落伍、丢权垮台的教训极为深刻。无产阶级政党作为工人阶级实现其伟大历史使命的先进部队，更应高度重视加强党的自身建设，确保始终走在时代前列，肩负起历史使命。

从严管党治党，是我们党的一个重要经验。毛泽东同志在总结中国革命胜利的经验时，把党的建设作为三大法宝之一提了出来。改革开放初期，邓小平同志说："在目前的历史转变时期，问题堆积成山，工作百端待举，加强党的领导，端正党的作风，具有决定的意义。"90多年来，我们党之所以能够从小到大、由弱到强，成为世界上最大的社会主义国家执政党，成功地领导中国人民在革命、建设和改革道路上取得一个又一个伟大胜利，就在于我们党始终高度重视加强自身建设。我们坚持党要管党、从严治党，保持和发展了党的先进性和纯洁性，增强了党的创造力、凝聚力、战斗力，为事业胜利提供了根本保证。

当前，我们正在进行具有许多新的历史特点的伟大斗争，党肩负着历史重任，经受着时代考验。与国内外形势发展变化相比，与党所承担的历史任务相比，党的领导水平和执政水平、党组织建设状况和党员干部素质、能力、作风，都还有不小差距。一些干部得过且过，一些基层组织软弱涣散，不能发挥模范带头作用和战斗堡垒作用。一些党员干部作风问题比较突出，有的严重脱离群众，对群众疾苦漠然置之，甚至欺压群众、侵害群众利益；形式主义、官僚主义问题较为普遍地存在，奢侈浪费现象严重。一些领域消极腐败现象易发多发，不仅大案要案时有发生、令人触目惊心，而且发生在群众身边的腐败现象也普遍存在。习近平总书记警示全党："如果对自身存在的问题，我们自己没有能力解决，久而久之，拖延下去，就积重难返了。"必须坚持党要管党、从严治党，把从严治党具体地而不是抽象地、认真地而不是敷衍地落实到位。

强调"打铁还需自身硬"，落实全面从严治党，体现了对我们党历史经验的珍视，体现了对党所面临复杂环境和严峻考验的清醒认识，体现了把党建设好，确保党永远不变质、红色江山永远不变色的坚定决心。

第一，全面从严治党，锻造坚强领导核心，要有"赶考"的精神状态。党领导人民已经取得举世瞩目的成就，我们完全有理由因此而自豪，但我们自豪而不能自满，绝不能躺在过去的功劳簿上。2013 年 7 月，习近平总书记来到革命圣地西柏坡，谆谆告诫全党："党面临的'赶考'远未结束"，"所有领导干部和全体党员要继续把人民对我们党的'考试'、把我们党正在经受和将要经受各种考验的'考试'考好，努力交出优异的答卷"。只有坚持党要管党、从严治党，以改革创新精神推进党的建设，才能更好经受住执政考验、改革开放考验、市场经济考验、外部环境考验，更好战胜精神懈怠危险、能力不足危险、脱离群众危险、消极腐败危险。

第二，全面从严治党，锻造坚强领导核心，要有"从严"的决心和态度。世间事，做于细，成于严。"从严"是我们做好一切工作的重要保障。我们共产党人最讲认真，讲认真就是要"严"字当头，做事不能应付，做人不能对付，而是要把讲认真贯彻到一切工作中去，作风建设如此，党和国家一切工作都是如此。一切"何必当真"的观念，一切"干一下得了"的想法，一切得过且过的心态，都是对党和人民事业有大害而无一利的，都是万万要不得的！只要真管真严、敢管敢严、长管长严，而不是管一阵放一阵、严一阵松一阵，就没有什么解决不了的问题，就不至于使小矛盾积重难返、小问题酿成大患。

第三，全面从严治党，锻造坚强领导核心，要有"抓好党建是最大政绩"的政绩观。在一些领导干部眼中，抓党建同抓发展相比要虚一些，不容易出显绩，一年开几次会布置一下就可以了，不必那么上心用劲儿。也有一些人认为，在发展社会主义市场经济条件下，从严治党面临两难选择：过宽没有威慑力，会导致越来越多人闯"红线"，最终法不责众；过严会束缚人手脚，影响工作活力，干不成事，甚至还会影响自己的选票。这些认识都是不对的。各级各部门党组织必须树立正确的政绩观，坚持从巩固党的执政地位的大局看问题，把抓好党建作为最大的政绩。如果我们党弱了、散了、垮了，其他政绩又有什么意义呢？各级党委要把从严治党责任承担好、落实好，坚持党建工作和中心工作一起谋划、一起部署、一起考核，把每条战线、每个领域、每个环节的党建工作抓具体、抓深入，坚决防止"一手硬、一手软"。对各级各部门党组织负责人特别是书记的考核，首先要看抓党建的实效，考核其他党员领导干部工作也要加大这方面的权重。

"打铁还需自身硬"。中国号巨轮乘风破浪、顺利前行，关键靠党来掌舵，靠党来掌握方向。必须坚持治国必先治党、治党务必从严，提高管党治党的能力和水平，靠"自身硬"凝聚起不可战胜的磅礴力量，创造无愧于历史的辉煌业绩。

四、中国改革如何
开启新窗口

一位外国观察家曾经感慨：人类 21 世纪是从 1978 年开始的。他为什么发出这样的感慨？就是因为始于这一年的改革开放，成为世界历史的"大事件"，开启了世界上最大的发展中国家走向变革的伟大航程，也深刻影响了当今世界的历史进程和全球格局，而且这种影响的广度和深度还在日益充分地显现出来。回顾过去 30 多年的历程，改革开放塑造了今天的中国。同样，不坚持改革开放，也不会有中国的未来。特别是当前改革已进入攻坚期和深水区，既面临前所未有的机遇，也面临一系列严峻挑战，必须在新的历史起点上全面深化改革，为中国迈入高收入国家行列注入强大动力。

党的十八大之后，新一届中央领导集体以什么态度对待改革、用什么行动推进改革，举国关注、举世关注。2012年 12 月，习近平总书记十八大后第一次到地方调研，就选择了改革开放中得风气之先的广东。从深圳、珠海到佛山、广州，一路上突出强调坚定不移推进改革开放。此后，他在中央政治局集体学习，在天津、湖北等地考察，在出访和接受国外媒体采访等诸多场合，围绕深化改革开放作出一系列重要论述。特别是 2013 年 11 月，党的十八届三中全会专题研究全面深化改革问题并作出总体部署，吹响了改革的新号角，开启了改革的新窗口。以三中全会为标志，一批批改革实施方案相继出台，一项项改革举措陆续推出，推动一场深刻变革在中华大地孕育并勃发。

11. 把握国家治理现代化的改革目标

改革已过而立之年，而今迈步再出发。

改革再出发，处在什么方位，又要确定什么样的目标呢？党的十八届三中全会对全面深化改革进行了顶层设计，对经济、政治、文化、社会、生态文明建设和党的建设等各领域改革作出部署，描绘了我国未来发展的新蓝图、新愿景。三中全会强调，全面深化改革的总目标是完善和发展中国特色社会主义制度、推进国家治理体系和治理能力现代化。确立这一总目标，是坚持和发展中国特色社会主义的必然要求，也是实现社会主义现代化的应有之义。深刻理解和把握这个总目标，是贯彻落实各项改革举措的关键。

习近平总书记在十八届三中全会第二次全体会议上，在2014年2月省部级主要领导干部学习贯彻十八届三中全会精神全面深化改革专题研讨班上，对这一总目标作了深刻阐述。强调指出：我们之所以决定这次三中全会研究全面深化改革问题，不是推进一个领域改革，也不是推进几个领域改革，而是推进所有领域改革，就是从国家治理体系和治理能力的总体角度考虑的。他还指出：今天，摆在我们面前的一项重大历史任务，就是推动中国特色社会主义制度更加成熟更加定型，为党和国家事业发展、为人民幸福安康、为社会和谐稳定、为国家长治久安提供一整套更完备、更稳定、更管用的制度体系。这项工程极为宏大，零敲碎打调整不行，碎片化修补也不行，必须是全面的系统的改革和改进，是各领域改革和改进的联动和集成，在国家治理体系和治理能力现代化上形成总体效应、取得总体效果。

我们党是怎样提出这样一个全面深化改革的总目标的呢？过去，我们讲过很多现代化，包括农业现代化、工业现代化、科技现代化、国防现代化等。1992年，邓小平同志在"南方谈话"中说："恐怕再有三十年的时间，我们才会在各方面形成一整套更加成熟、更加定型的制度。在这个制度下的方针、政策，也将更加定型化"。党的十八大从经济、政治、文化、社会、生态文明五个方面提出了全面深化改革开放的制度目标，并强调全面建成小康社会，必须构建系统完备、科学规范、运行有效的制度体系。现在，距邓小平同志提出的"再有三十年的时间"就是2022年，时间很紧了。必须提出一个总目标，并用它来统领各项改革。在集思广益的基础上，十八届三中全会把完善和发展中国特色社会主义制度、推进国家治理体系和治理能力现代化确定为深化全面改革的总目标。

全面深化改革的总目标，回答了推进各领域改革最终是为了什么、要取得什么样的整体效果这个问题，是改革进程本身向前拓展提出的客观要求，体现了我们党对改革认识的深化和系统化。深刻理解全面深化改革的总目标，就要把握这样几个问题。

第一，为何总目标是管总的东西？全面深化改革，全面者，就是要统筹推进各领域改革，就需要有管总的目标，也要回答推进各领域改革最终是为了什么、要取得什么样的整体结果这个问题。过去，我们也曾提出过改革目标，但大多是从具体领域提的。比如，我们讲过，政治体制改革的总目标是巩固社会主义制度，发展社会主义社会的生产力，发扬社会主义民主，调动广大人民的积极性。党的十四大提出，我国经济体制改革的总目标是建立社会主义市场经济体制。党的十八届三中全会提出全面深化改革的总目标，并在总目标统领下明确了经济体制、政治体制、文化体制、社会体制、生态文明体制和党的建设制度深化改革的分目标。这是改革进程本身向前发展提出的客观要求，体现了我们党对改革认识的深化和系统化。

第二，怎么看当前中国国家治理体系？改革开放30多年来，从推动经济社会发展到应对突如其来的自然灾害，到应对各式各样的国际经济金融危机、政治风波，我们不仅都挺过来了，而且每场风雨过后都发展得更好，同世界上一些国家不断出现乱局形成了鲜明对照。这说明，我们的国家治理体系和治理能力总体上是好的，是有独特优势的，是适应我国国情和发展要求的。国际上也有越来越多的人开始肯定我们的国家治理体系和治理能力。同时，也必须看到，相比我国经济社会发展和人民群众的要求，相比当今世界日趋激烈的国际竞争，相比实现国家长治久安，我们在国家治理体系和治理能力方面还有许多亟待改进的地方，我们的制度还没有达到更加成熟更加定型的要求，有些方面甚至成为制约我们发展和稳定的重要因素。因此必须进一步加以完善，同时还要在提高国家治理能力上需要下更大气力，切实增强制度执行力进而提高治理能力，从而进一步发挥我国社会主义制度优势，推动党和国家事业顺利发展。

第三，为何要解决好制度模式选择问题？治理体系和治理能力现代化往什么方向走，是一个带有根本性的问题。俗话说：百里不同风，千里不同俗。一个国家选择什么样的治理体系，是由这个国家的历史传承、文化传统、经济社会发展水平决定的，是由这个国家的人民决定的。我们需要借鉴国外政治文明有益成果，但绝不能放弃中国政治制度的根本。中国有 960 多万平方公里土地、56 个民族，我们能照谁的模式办？谁又能指手画脚告诉我们该怎么办？对丰富多彩的世界，我们应该秉持兼容并蓄的态度，虚心学习他人的好东西，在独立自主的立场上把他人的好东西加以消化吸收，化成我们自己的好东西，但绝不能囫囵吞枣，绝不能邯郸学步。照抄照搬他国的政治制度行不通，会水土不服，会画虎不成反类犬，甚至会把国家前途命运葬送掉。只有扎根本国土壤、汲取充沛养分的制度，才最可靠，也最管用。我们的方向就是中国特色社会主义道路，这一点必须终十分明确。

应当看到，全面深化改革的总目标，是两句话组成的一个整体，"完善和发展中国特色社会主义制度"，这是前一句，规定了根本方向；"推进国家治理体系和治理能力现代化"，这是后一句，规定了所走路径。我国今天的国家治理体系，是在我国历史传承、文化传统、经济社会发展的基础上长期发展、渐进改进、内生性演化的结果。正因为没有挂着别人的拐棍，坚持独立自主选择自己的道路，我们才能始终站稳脚跟，走出了一条不同于西方国家的成功发展道路，形成了一套不同于西方国家的成功制度体系。

因此，对于我国国家治理体系怎么改、怎么完善，我们自己一定要有主张、有定力。习近平总书记指出："我们要借鉴人类政治文明的有益成果，但绝不照搬西方政治制度模式，绝不会接受任何外国颐指气使的说教。"在人权、选举

2015年6月28日，由福州开往黄山北的动车组列车行驶在江西省婺源县境内。当日，合（肥）福（州）高铁正式开通运营。铁路线跨越安徽、江西、福建三省。合福高铁正式开通后，合肥至福州最快列车的运行时间由原来的8小时缩短至4小时内。

制度、法治等重大问题上，必须理直气壮，不能以西方政治制度模式为标准。没有坚定的制度自信就不可能有全面深化改革的勇气，同样，离开不断改革，制度自信也不可能彻底、不可能久远。我们全面深化改革，是要使中国特色社会主义制度更好；我们说坚定制度自信，不是要故步自封，而是要不断革除体制机制弊端，让我们的制度成熟而持久。

12.运用富有中国特色的改革方法

谋事、干事，方法很重要。方法对头，就能事半功倍。改革开放作为前无古人的崭新事业，必须坚持正确的方法论，在不断实践探索中推进。摸着石头过河，是富有中国特色、符合中国国情的改革方法。习近平总书记在一系列重要讲话中，阐述了摸着石头过河和加强顶层设计的关系，强调摸着石头过河和加强顶层设计是辩证统一的，推进局部的阶段性改革开放要在加强顶层设计的前提下进行，加强顶层设计要在推进局部的阶段性改革开放的基础上来谋划。

"摸着石头过河"，原来是句俗语，比喻办事谨慎，边干边摸索经验。引申为对脚踏实地、尊重实践、从实践中摸经验摸规律，努力做到实事求是的一种形象说法，是推进改革健康有序发展的一个重要改革方法。在我们党内，最早提出"摸着石头过河"并把它作为一种工作方法的，是陈云同志。新中国成立以后，陈云同志曾先后多次讲过"摸着石头过河"这句话，并把"摸着石头过河"作为一个重要的思想和工作方法。改革开放之初的 1980 年，陈云同志明确指出："我们要改革，但是步子要稳。因为我们的改革，问题复杂，不能要求过急。改革固然要靠一定的理论研究、经济统计和经济预测，更重要的还是要从试点着手，随时总结经验，也就是要'摸着石头过河'。开始时步子要小，缓缓而行。"对陈云同志提出的"摸着石头过河"方法，邓小平同志是完全赞同的。在他看来，中国特色社会主义建设是一项前无古人的事业，既不可能在马列主义本本上找到现成答案，也没有任何现成的实践经验可以照搬照抄，所以只能"摸着石头过河"。邓小平同志曾强调指出："我们现在所干的事业是一项新事业，马克思没有讲过，我们前人没有做过，其他社会主义国家也没有干过。所以，没有现成的经验可学，我们只能在干中学，在实践中摸索。"

改革开放 30 多年来，我们党、国家和人民的面貌都发生了历史性变化，"摸着石头过河"作为正确推进改革的重要方法，对改革开放的顺利推进、取得巨大成功发挥了重大作用。今天，我们站在了一个新的历史起点上，国内外形势都发生了深刻变化，究竟应该怎样进一步全面深化改革，却众说纷纭，有些不一样的说法。有人说，摸石头已经摸了 30 多年，应该改变推进改革的思路和方法了；有人说，目前改革已经到了要关注顶层设计的时候了，摸石头的"试错法"可以休矣；还有人说，今天改革已经到了深水区，没法再摸石头，也摸不到石头了。对此，应该怎么看呢？

2012 年 12 月，习近平总书记在广东考察工作时强调指出，"摸着石头过河"是富有中国特色、符合中国国情的改革方法。此后，他在多个场合、多次讲话中都肯定了"摸着石头过河"的重要方法论作用。在党的十八届三中全会第二次全体会议上，习近平总书记把"摸着石头过河"定位为"符合马克思主义认识论和实践论的方法"，强调这一方法在当前全面深化改革进程中仍然要继续坚持。这些重要论述对于我们深入把握全面深化改革各项任务部署、正确准确有序协调推进改革具有重大指导意义。

第一，"摸着石头过河"是富有中国特色、符合中国国情的改革方法。这个方法，不仅在改革之初行之有效，而且在整个改革进程中都是行之有效的。因为我们实行改革开放，发展社会主义市场经济，是前无古人的事情，只能通过实践、认识、再实践、再认识的反复过程，逐步取得规律性认识。实践中，对必须取得突破但一时还不那么有把握的改革，采取试点探索、投石问路的方法，先行试点，鼓励创造，鼓励探索，取得经验后再推开。30 多年的改革开放就是这样走过来的，呈现出从农村到城市、从沿海到内地、从局部到整体不断深化的过程。这种改革方法，避免了因情况不明、举措不当而引起的社会动荡。可以说，改革开放 30 多年来，我们党坚持以摸着石头过河的方法推进改革，摸出了规律，摸出了真理，才创造了发展的"中国奇迹"。因此，过去我们坚持摸着石头过河有必要、有道理，现在和未来推进改革仍然要继续运用好这一方法。

第二，摸着石头过河和加强顶层设计是辩证统一的。摸着石头过河是被实践证明行之有效的改革方法，同时随着改革不断深入，各个领域各个环节改革的关联性互动性明显增强，这就必须更加注重改革的系统性、整体性、协同性，统筹推进各领域各方面改革。因此，要深入研究全面深化改革的顶层设计和总体规划，加强对各项改革关联性的研判，把经济、政治、文化、社会、生态等方面的体制改革有机结合起来。要看到，摸着石头过河与加强顶层设计并非彼此对立、不可并存的，而是辩证统一的关系。强调摸着石头过河，就是要继续鼓励大胆试验、大胆突破，不断把改革开放引向深入；强调顶层设计，就是要加强宏观思考、高瞻远瞩、整体谋划，增强推进改革开放的自觉和自信。依靠摸着石头过河为顶层设计提供材料和经验，为改革开放提供源头活水和实践依据；依靠顶层设计为摸着石头过河提供政策引导和方案指导，为改革开放引领目标、凝聚共识、统筹谋划。把两种方法结合起来，就能既大胆探索、勇于实践，又高屋建瓴、综合配套、系统推进，在新的起点上更好地把改革推向前进。

第三，要把改革继续向前推进，就必须处理好全面深化改革的重大关系。当前，全面深化改革的部署已经明确，但也要看到，现在推进改革的复杂程度、敏感程度、艰巨程度，一点都不亚于30多年前。只有坚持正确的思想方法和工作方法，才能把握全面深化改革的内在规律，从而更好地推进改革。推进全面深化改革，要正确认识和处理六大关系：一是处理好解放思想和实事求是的关系，坚持解放思想和实事求是的有机统一，一切从基本国情出发，从实际出发，从人民群众的利益出发，既大胆探索又脚踏实地；二是处理好整体推进和重点突破的关系，既坚持整体推进，统筹谋划深化改革各个方面、各个层次、各个要素，注重改革措施整体效果，又注重抓主要矛盾和矛盾的主要方面，注重抓重要领域和关键环节；三是处理好全局和局部的关系，每一项改革既要考虑局部的具体情况，更要从大局出发，从全局上来统筹谋划；四是处理好顶层设计和摸着石头过河的关系，既要加强宏观思考和顶层设计，更加注重改革的系统性、整体性、协同性，同时也要继续鼓励大胆试验、大胆突破，不断把改革引向深入；五是处理好胆子要大和步子要稳的关系，战略上要勇于进取，战术上则要稳扎稳打，在大胆探索、勇于开拓的同时，一个一个地克服困难、一个一个地解决问题，做到"蹄疾而步稳"；六是处理好改革发展稳定的关系，坚持把改革的力度、发展的速度和社会可承受的程度统一起来，在保持社会稳定中推进改革发展，通过改革发展促进社会稳定。

13. 改革决不能犯颠覆性错误

改革是什么？改革不是小敲小打，而是对原有体制的根本性变革。从这个意义上讲，对改什么、怎么改，应当十分慎重，做到谋定而后动。要看到，现在中国改革是在十分复杂的国内外环境中进行的，社会上关于改革的议论很多，其中很多意见和建议值得深入思考，但也有些意见和建议偏于极端，特别是一些敌对势力和别有用心的人也在那里摇旗呐喊、制造舆论、混淆视听，把改革定义为往西方政治制度的方向改，否则就是不改革。对此，必须始终保持清醒的头脑。

习近平总书记鲜明指出："中国是一个大国，决不能在根本性问题上出现颠覆性错误，出现后就无法挽回、无法弥补。"此后，他在很多场合反复阐述这一重要思想，强调："我们的改革是有方向、有立场、有原则的。""在方向问题上，我们头脑必须十分清醒。""我们的立场是胆子要大、步子要稳，既要大胆探索、勇于开拓，也要稳妥审慎、三思而后行。"回顾30多年的历程，改革之所以能够顺利推进并取得历史性成就，根本原因在于我们党始终坚持正确的方向和立场，排除各种干扰，确保改革不变质、不走样。

强调改革决不能犯颠覆性错误，体现了我们党在改革方向问题上的清醒和坚定，划定了全面深化改革的红线，是我们在全面深化改革过程中必须时刻牢记的重要思想，是吸取国内外改革经验教训得出的重要结论。对此，需要把握以下几点。

第一，什么是根本性问题？所谓根本性问题，就是党和国家举什么旗、走什么路、朝着什么目标前进的问题，就是涉及国家的发展走向、前途命运的大是大非问题，就是道路、理论、制度问题。比如，我们坚持中国共产党的领导，坚持中国特色社会主义道路，坚持以马克思主义和马克思主义中国化最新成果为指导，坚持人民代表大会制度、中国共产党领导的多党合作和政治协商制度、民族区域自治制度、基层群众自治制度，等等。在这些根本原则问题上，绝不能有丝毫含糊、半点动摇，做到"千磨万击还坚韧，任尔东西南北风"。这是改革的底线，是事关中华民族前途命运的底线。正如习近平总书记指出的，"在涉及道路、理论、制度等根本性问题上，在大是大非面前，必须立场坚定、旗帜鲜明"。

第二，什么是颠覆性错误？颠覆性错误，就不是一般的错误，而是重大的原则性、方向性错误；不是"量"的错误，而是"质"的错误。这样的错误一旦出现，就会造成致命性的危害和损失，就难以挽回。诸如苏联以改革的名义改旗易帜，导致亡党亡国的惨剧，就是典型的例子。在这个问题上，习近平总书记鲜明指出："我们当然要高举改革旗帜，但我们的改革是在中国特色社会主义道路上不断前进的改革，既不走封闭僵化的老路，也不走改旗易帜的邪路。"

第三，如何把握正确方向、把全面深化改革落到实处？关键是要正确、准确、有序、协调推进改革。正确推进改革，就是坚持改革是社会主义制度自我完善和发展。准确推进改革，就是认真执行中央要求，不要事情还没弄明白就盲目推进。有序推进改革，就是该中央统一部署的不要抢跑，该尽早推进的不要拖宕，该试点的不要仓促推开，该深入研究后再推进的不要急于求成，该得到法律授权的不要超前推进。协调推进改革，就是注重改革的关联性和耦合性，把握全局，力争最大综合效益。要坚持先易后难，从最紧迫的事项改起，从老百姓最期盼的领域改起，从制约经济社会发展最突出的问题改起，从社会各界能够达成共识的环节改起，让全社会感受到市场环境、创业条件、干部作风在一天天好转，让广大群众省更多的获得感。

确保不犯颠覆性错误，关键是要增强政治定力，坚守政治原则和底线。面对复杂形势和各种风险考验，我们既要有冒的勇气、闯的劲头，更要有战略定力和底线思维，始终坚持以我为主，应该改又能改的坚决改，不应改的坚决守住。要清醒认识到，改革是为了推动党和人民事业更好发展，而不是为了迎合某些人的"掌声"，因此决不能把西方的理论、观点生搬硬套在自己身上。要立足国情出发，从我国经济社会发展实际出发，有领导有步骤推进改革，不求轰动效应，不做表面文章，确保改革开放始终沿着正确方向前进。

五、中国经济如何
迈向中高端

治国理政要解决的核心问题是发展。发展是执政的重要目标，又是检验执政效果的重要标准。

20 世纪 70 年代末以来，中国共产党坚持把发展作为硬道理、作为第一要务，科学谋划发展战略，制定正确的发展政策，从而推动中国实现了 30 多年快速发展，经济总量居世界第二，进入中等收入国家行列。看不到中国取得的巨大发展成就，那是缺乏自信；看不到中国与发达经济体存在的很大差距，那也是盲目自大。总体而言，我们仍是一个发展中国家，仍处于社会主义初级阶段，发展仍是我们的第一要务。当前，我国发展仍处于大有可为的重要战略机遇期，经济持续健康发展具有很多有利条件；同时也要看到，我国经济正处于增长速度换挡期、结构调整阵痛期和前期刺激政策消化期叠加的阶段，面临不少矛盾和困难。习近平总书记关于经济发展新常态的重大战略判断，就是在这样一个背景下提出来的，为推动中国经济转型升级提供了重要理念指引。

当前和今后一个时期，研判中国经济发展形势，必须认识和把握这个新常态；谋划推动中国经济实现平稳持续增长，也必须紧紧围绕适应和引领这个新常态来进行。

14. 把握经济发展新常态这个大逻辑

前不久，美国耶鲁大学高级研究员、前摩根士丹利亚洲主席史蒂芬 罗奇发表题为《中国的新常态和美国的旧习惯》的评论，表达对中国经济发展形势的看法。在 2015 年 3 月份举行的中国发展高层论坛上，他把中国经济新常态称为"下一个中国"。可以说，在当前全球经济复苏动力不足的情况下，中国经济走势备受关注，中国对于新常态的政策表述也引起了国际经济学者和政策制定者的高度重视。

近年来，面对经济发展面临的机遇和挑战，中国政府审时度势，主动适应和引领经济发展新常态，坚持稳中求进的工作总基调，着力调结构、转动力、促改革，推动经济实现了平稳健康发展。实现"十三五"宏伟蓝图，必须进一步深化对经济发展新常态这个大逻辑的认识。什么是大逻辑？大逻辑就是客观规律。新常态下，中国经济发展表现出速度变化、结构优化、动力转换三个特点，这些是不以人的意志为转移的，是我国经济发展阶段性特征的必然要求。开拓"十三五"时期发展新境界，就必须立足经济社会发展规律的高度，更好地适应、把握和引领新常态。

首先，新常态是中国经济发展的大前提。2003 年至 2007 年，我国经济年均增长 11.6%，2008 年至 2011 年年均增长 9.6%，2012 年增长 7.8%，2013 年增长 7.7%，2014 年增长 7.4%，这是 1990 年以来的最慢增速。面对这样的数字，有人坐不住了，禁不住疑问：中国经济怎么了？

产生这样的疑惑并不奇怪。改革开放以来的第一个 30 年，中国经济保持年均近 10% 的增速。而这两年的经济增速，较之以往确实明显放缓。于是，有些人对经济前景有些担心，甚至提出了这样的问题：中国经济发展的前景到底怎么样？ 2014 年 5 月，习近平总书记在河南考察时，第一次明确提出经济发展新常态的重要论断，强调"要增强信心，从当前我国经济发展的阶段性特征出发，适应新常态，保持

2015 年 4 月 27 日，大型水陆两栖飞机 AG600 中后机身、后机身大部件在中航飞机汉中飞机分公司下架。作为当今世界在研的最大一款水陆两栖飞机，大部件下架为其在 2015 年底前在珠海完成总装、2016 年实现首飞目标迈出了关键一步。

战略上的平常心态"。2014 年 11 月，在 APEC 工商领导人峰会开幕式上再次阐释了新常态，在 2014 年底中央经济工作会议上又对新常态作了全面深入阐述，并强调认识、适应、引领新常态，是当前和今后一个时期我国经济发展的大逻辑。

经济发展进入新常态，是中央审时度势做出的重大战略判断。何谓"新常态"？从字面上看，"新"就是"有异于旧质"；"常态"就是时常发生、基本稳定的状态。新常态就是不同以往的、相对稳定的状态。这是一种趋势性、连续性的发展状态，意味着中国经济已进入一个与过去 30 多年高速增长期不同的新阶段。

新常态有没有改变我国战略机遇期？实事求是地讲，经济发展进入新常态，并没有改变我国发展仍处于可以大有作为的重要战略机遇期的判断，改变的是重要战略机遇期的内涵和条件；没有改变我国经济发展总体向好的基本面，改变的是经济发展方式和经济结构。中国经济虽然从高速转向中高速，但由于已是超过 10 万亿美元的超大规模经济体，一年的增量就是一个不小的数字。2014 年中国经济的增量，就超过了土耳其全年的经济总量，也超过 20 世纪 90 年代中期我们全年的经济总量。因此，中国经济是减速未失势，整体基本面并未改变，潜力大，韧性强，回旋余地大。从经济发展方式转变来看，经济结构调整难免阵痛，但调整成功就会提升产业结构，一些新兴技术、新的业态和新的需求将会得到发展。虽然国际市场对我国传统出口商品需求有所放缓，但我们在装备能力、产业配套能力和资金输出等方面有独特优势，在新一轮国际分工中完全有可能抓住向产业链中高端迈进的历史机遇。现在我们加大了保护环境、治理污染的力度，表面看会增加成本，但同时也会刺激对生态产品的需求，从而注入新的增长动力。因此可以说，新常态是我国经济向形态更高级、分工更复杂、结构更合理的阶段演化的必经阶段。

正确认识我国基本国情和经济发展阶段性特征，从实际出发推进改革、谋划发展，这是我们过去的成功经验，也是今后发展的重要原则。新常态是我们党综合分析世界经济长周期和我国发展阶段性特征及其相互作用作出的一重大判断。科学分析经济形势，准确研判未来走势，必须从经济发展新常态这个大前提出发，这样才能增强做好经济工作的主动性和前瞻性。

其次，新常态揭示了中国经济发展的大趋势。新常态作为客观规律的反映，揭示了当前和今后一个时期中国经济演化的内在特征。从其特点来讲，就是增长速度要以高速转向中高速，发展方式要以规模速度型转向质量效率型，经济结构调整要以增量扩能为主转向调整存量、做优增量并举，发展动力要从主要依靠资源和低成本劳动力等要素投入转向创新驱动。

这三大基本特点，都有其具体表现。对此，2014 年 12月召开的中央经济工作会议从九个方面作了系统阐释：第一，从消费需求看，过去我国消费具有明显的模仿型排浪式特征，现在模仿型排浪式消费阶段基本结束，个性化、多样化消费渐成主流，保证产品质量安全、通过创新供给激活需求的重要性显著上升，必须采取正确的消费政策，释放消费潜力，使消费继续在推动经济发展中发挥基础作用。第二，从投资需求看，经历了30多年高强度大规模开发建设后，传统产业相对饱和，但基础设施互联互通和一些新技术、新产品、新业态、新商业模式的投资机会大量涌现，对创新投融资方式提出了新要求，必须善于把握投资方向，消除投资障碍，使投资继续对经济发展发挥关键作用。第三，从出口和国际收支看，国际金融危机发生前国际市场空间扩张很快，出口成为拉动我国经济快速发展的重要动力，现在全球总需求不振，我国低成本比较优势也发生了转化，同时我国出口竞争优势依然存在，高水平引进来、大规模走出去正在同步发生，必须加紧培育新的比较优势，使出口继续对经济发展发挥支撑作用。第四，从生产能力和产业组织方式看，过去供给不足是长期困扰我们的一个主要矛盾，现在传统产业供给能力大幅超出需求，产业结构必须优化升级，企业兼并重组、生产相对集中不可避免，新兴产业、服务业、小微企业作用更加凸显，生产小型化、智能化、专业化将成为产业组织新特征。第五，从生产要素相对优势看，过去劳动力成本低是最大优势，引进技术和管理就能迅速变成生产力，现在人口老龄化日趋发展，农业富余劳动力减少，要素的规模驱动力减弱，经济增长将更多依靠人力资本质量和技术进步，必须让创新成为驱动发展新引擎。第六，从市场竞争特点看，过去主要是数量扩张和价格竞争，现在正逐步转向质量型、差异化为主的竞争，统一全国市场、提高资源配置效率是经济发展的内生性要求，必须深化改革开放，加快形成统一透明、有序规范的市场环境。第七，从资源环境约束看，过去能源资源和生态环境空间相对较大，现在环境承载能力已经达到或接近上限，必须顺应人民群众对良好生态环境的期待，推动形成绿色低碳循环发展新方式。第八，从经济风险积累和化解看，伴随着经济增速下调，各类隐性风险逐步显性化，风险总体可控，但化解以高杠杆和泡沫化为主要特征的各类风险将持续一段时间，必须标本兼治、对症下药，建立健全化解各类风险的体制机制。第九，从资源配置模式和宏观调控方式看，全面刺激政策的边际效果明显递减，既要全面化解产能过剩，也要通过发挥市场机制作用探索未来产业发展方向，必须全面把握总供求关系新变化，科学进行宏观调控。

这九个趋势性变化表明，中国经济正向形态更高级、分工更复杂、结构更合理的阶段演化。这九个趋势性变化，既是新常态的外在特征，又是新常态的内在动因，总体上反映了中国经济未来的根本走向。我们说要认识和适应新常态，就是要去把握新常态内在的本质趋势，遵循新常态反映的客观规律；我们说要引领新常态，就是要用新常态所蕴含的基本趋势和基本规律指引经济工作，推动经济更加持续健康发展。

再次，新常态给中国经济也带来大考验。既然是新常态，不言而喻，肯定伴随着新矛盾、新问题。实际上，在对新常态九个趋势性变化的概括中，就同时指出了面临的问题和挑战，对此也要作出实事求是的具体分析。

对新常态下蕴含的风险挑战，专家学者也从不同角度作了分析，概括起来讲，主要有这样几个方面：第一，财政金融风险逐步显露。伴随着增速下行和结构调整，原有的风险化解机制难以继续生效，市场主体较难及时做出调整，原来被掩盖的矛盾和风险就会显露出来。第二，新旧增长动力的接续出现断档。如果未能有效培育增长新动力，增长潜力不能得到充分释放，实际经济表现远低于潜在增长率水平，也可能出现类似有的国家出现的"增长性衰退"的状态。第三，宏观经济平衡的难度加大。随着增长速度、动力和经济结构的变化，宏观经济运行呈现与已往不同的特点，调控目标间平衡的难度加大，如果处理不好，将影响到经济增长的可持续性。第四，影响社会稳定的因素增加。国际经验表明，当经济发展达到中等收入水平之后，不仅经济问题会更加复杂，政治、社会问题也会更加突出。一旦社会稳定局面不能得到有效维持，追赶进程就会中断，增长就会受到较大影响。对这些可能出现的问题，我们也要增强忧患意识，保持清醒的头脑。

在这种情况下，引领经济发展新常态，要按照中央的部署和要求，努力实现多方面工作重点的转变。推动经济发展，要更加注重提高发展质量和效益。稳定经济增长，要更加注重供给侧结构改革。实施宏观调控，要更加注重引导市场行为和社会心理预期。调整产业结构，要更加注重以人为核心。促进区域发展，要更加注重人口经济和资源环境空间均衡。保护生态环境，要更加注重促进形成绿色生产方式和消费方式。保障改善民生，要更加注重对特定人群特殊困难的精准帮扶。进行资源配置，要更加注重使市场在资源配置中起决定性作用。扩大对外开放，要更加注重推进高水平双向开放。

总之，新常态是我国经济发展进入更高阶段的表现。适应和引领经济发展新常态，首先要有新理念，也就是要牢固树立创新、协调、绿色、开放、共享这五大发展理念，以新的发展理念引领发展实践。其次，新常态要有新状态，要树立奋发有为的精神状态和作风，进一步解放思想、改革创新，敢于攻坚克难、破解难题。再次，新常态要有新作为，坚决贯彻五中全会提出的各项重大部署和重大举措，在理论上作出创新性概括，在政策上作出前瞻性安排，加大结构性改革力度，不断推动开创发展新局面。

15. 树立和落实五大发展理念

理念是行动的先导。发展是受一定的理念支配的，有什么样的发展理念，就会有什么样的发展实践。发展理念管全局、管根本、管方向、管长远，是战略性、纲领性、引领性的东西，关系发展的成效乃至成败。发展理念搞对了，目标任务就好定了，政策举措也就跟着好定了。习近平总书记指出，面对经济社会发展新趋势新机遇和新矛盾新挑战，谋划"十三五"时期经济社会发展，必须确立新的发展理念，用新的发展理念引领发展行动。

党的十八届五中全会通过的"十三五"规划《建议》，从中国未来发展的全局和长远着眼，提出了"十三五"时期我国经济社会发展的新理念，即创新、协调、绿色、开放、共享的发展理念。这五大发展理念，集中体现了今后五年乃至更长时期我国的发展思路、发展方向、发展着力点，总结了国内国外发展的经验教训，凝聚了各个方面的发展共识，回应了人民群众对发展的新期待，深刻揭示了实现更高质量、更有效率、更加公平、更可持续发展的必由之路。

放眼世界和历史，人类社会的发展是一个理论探索与实践探索紧密联系、相互促进的进程。从一些发达国家的发展历史来看，它们之所以能够实现工业化、现代化，很重要的就在于在不同发展阶段，都能提出大体符合其实际的发展理念。纵观当今世界，在后国际金融危机时代，整个世界经济形势比较复杂，各种不稳定、不确定因素增多，但总体来讲，世界各国都在谋划加强自身发展，提升综合国力，也都在努力创新发展理念、完善发展战略，力图以此来赢得发展主动。比如，美国在金融危机后提出了"再工业化战略"，目的是重塑美国制造业优势尤其是高端实体制造业的优势。欧盟倡导发展绿色经济，力图保持其在低碳产业和环保技术领域的领先地位。俄罗斯也是这样，俄政府提出"创新发展战略"，力图建立国家创新体系、发展创新型经济。而反观其他有些国家，特别是陷入所谓"中等收入陷阱"的国家，它们之所以导致经济停滞、社会动荡，很重要的也与发展理念偏差、发展战略失误有关。从中国自身情况来看，改革开放30多年来，我们党高度重视发展理论、发展理念的创新，总是根据形势任务的变化，及时提出相应的发展理念和战略，引领和推动发展的实践。这30多年来，从提出以经济建设为中心、发展是硬道理、"三步走"发展战略，到提出发展是党执政兴国的第一要务、不断促进先进生产力的发展，到提出坚持科学发展、实现全面协调可持续发展，等等，可以说，我们之所以能保持30多年持续快速发展、创造发展的"中国奇迹"，是与我们党在发展理念上的不断创新和完善密不可分的。

当前，我国发展进入一个新阶段，发展环境发生新的变化，概括起来讲就是经济发展的新常态。这是思考和谋划我国经济发展必须把握的大背景、大逻辑。要适应和引领新常态，突破发展的瓶颈，推动我国经济实现转型升级，就必须要有新的发展理念。十八届五中全会提出的创新、协调、绿色、开放、共享的发展理念，把握了发展速度变化、结构优化、动力转换的新特点，体现了对新的发展阶段基本特征的深刻洞察，体现了对社会主义本质要求和发展方向的科学把握，标志着我们党对经济社会发展规律的认识达到一个新高度。"十三五"规划《建议》，就是以这五大发展理念为主线进行谋篇布局的，提出的目标要求和重大举措也都是围绕这五大发展理念来部署、来展开的。贯彻五大发展理念，是关系我国发展全局的一场深刻变革，必须从战略和全局高度深刻认识五大发展理念的重大理论和实践意义，自觉把五大发展理念落实到经济社会发展的各方面和全过程，以新的发展理念引领发展实践，不断开拓发展新境界。

第一，准确把握五大发展理念的内涵要求。贯彻新的发展理念，首先要学习和领会好。十八届五中全会通过的"十三五"规划建议和习近平总书记在会上的重要讲话，对五大发展理念作了深入阐述。要通过学习，深刻领会创新是引领发展的第一动力，把创新摆在国家发展全局的核心位置，让创新贯穿党和国家一切工作，让创新在全社会蔚然成风；深刻领会协调是持续健康发展的内在要求，牢牢把握五位一体总体布局，正确处理发展中的重大关系，不断增强发展整体性；深刻领会绿色是永续发展的必要条件，是人民对美好生活追求的重要体现，坚持走生产发展、生活富裕、生态良好的文明发展之路，推进美丽中国建设；深刻领会开放是国家繁荣发展的必由之路，坚持互利共赢的开放战略，发展更高层次的开放型经济；深刻领会共享是中国特色社会主义的本质要求，坚持发展为了人民、发展依靠人民、发展成果由人民共享，朝着共同富裕方向稳步前进。这五大发展理念是具有内在联系的集合体，主题主旨相通、目的指向一致，既各有侧重又相互支撑，构成了一个相互贯通、相互促进的系统逻辑体系。领会和把握五大发展理念，要树立全面系统的思维，运用科学统筹的方法，一起用力、一体贯彻，不能顾此失彼，也不能相互替代。需要强调的是，学习领会五大发展理念，还要与学习领会习近平总书记系列重要讲话特别是关于发展的思想紧密结合起来，在相互贯通中加深理解、深化认识。

第二，以新的发展理念落实经济社会发展各项部署。"十三五"规划建议紧紧围绕全面建成小康社会奋斗目标和五大发展理念，紧密结合当前我国面临的新形势，提出了一系列重大部署和重大举措。这些重大部署和重大举措，是五大发展理念在经济社会发展各领域的具体展开。落实好这些重大部署和重大举措，必须坚持创新发展，把发展基点放在创新上，着力提高发展质量和效益，形成促进创新的体制架构，塑造更多依靠创新驱动、更多发挥先发优势的引领型发展；必须坚持协调发展，推进区域、城乡、物质文明精神文明协调发展、经济建设和国防建设融合发展，形成平衡发展结构，进一步拓宽发展空间；必须坚持绿色发展，着力改善生态环境，坚持绿色富国、绿色惠民，为人民提供更多优质生态产品，推动形成绿色发展方式和生活方式；必须坚持开放开发，丰富对外开放内涵，提高对外开放水平，协同推进战略互信、经贸投资合作、人文交流，努力形成深度融合的互利合作格局；必须坚持共享发展，按照人人参与、人人尽力、人人享有的要求，坚守底线、突出重点、完善制度、引导预期，注重机会公平，保障基本民生，实现全体人民共同迈入全面小康社会。应当明确的是，在落实"十三五"规划目标过程中，要坚持从实际出发，按规律办事，不搞整齐划一、不搞大干快上、不搞层层加码、不作难以兑现的承诺，而是要因地制宜、因事制宜，一步一个脚印地推进全面建成小康社会的进程。

第三，坚持问题导向、着力解决重点难点问题。五大发展理念是针对我国发展中的突出矛盾和问题提出来的，对于破解发展难题、厚植发展优势具有重要指导意义。创新发展注重的是解决发展动力问题，对准的是科技水平不高、创新能力不强、体制机制改革不够等突出矛盾；协调发展注重的是解决发展不平衡问题，对准的是区域、城乡、经济和社会、物质文明和精神文明等不协调的突出矛盾；绿色发展注重的是解决人与自然和谐问题，对准的是资源约束趋紧、环境污染严重、生态系统退化等突出矛盾；开放发展注重的是解决发展内外联动问题，对准的是用好国际国内两个市场、两种资源的能力还不够强等突出矛盾；共享发展注重的是解决社会公平正义问题，对准的是分配不公和收入差距、城乡区域公共服务水平差距较大等突出矛盾。因此可以说，这五大发展理念抓住了当前制约我国发展的症结和要害，开出了解决这些问题的良方和对策。落实五大发展理念，要增强问题意识、强化问题导向，注重研究和解决重点难点问题，在解决问题中开拓发展新境界。坚持问题导向，特别要注意抓住薄弱环节、补齐各种短板。无论是制定具体规划、出台政策措施、完善体制机制，都要强化补短板的意识，在攻坚克难中增强发展的协同性平衡性。

第四，提高落实五大发展理念的能力水平。有了好的发展理念，能不能落实落地、发挥其引领作用，关键在于提高党员干部特别是领导干部的素养和能力。习近平总书记强调，党员干部特别是领导干部，要提高贯彻五大发展理念的能力和水平，成为领导经济社会发展的行家里手。贯彻五大发展理念，必须熟悉现代经济运行的特点，以符合经济规律的方式推动经济发展。随着我国发展领域不断拓宽、分工日趋复杂、形态更加高级、国际国内联动更加紧密，对做好经济工作提出了更高要求。各级领导干部要加强学习调研，加强实践历练，努力掌握现代经济知识，练就较强的专业思维、专业素养、专业方法，真正有"几把刷子"。现代经济是法治经济，树立和落实新的发展理念，必须提高运用法治思维、法治方式推动发展的能力。要认真贯彻依法治国基本方略，带头尊法学法守法用法，养成遇事找法、办事依法、解决问题靠法的行为习惯，提高决策的法治化、规范化水平，充分发挥法治在推动发展中的引领和规范作用。践行五大发展理念，还要有好的精神状态和工作作风。要提高贯彻"三严三实"要求、落实改革发展稳定任务的能力，以严和实的精神和要求贯彻五大发展理念，落实好中央各项决策部署，正确处理眼前利益与长远利益、局部利益与整体利益的关系，推动各项重点任务、重要举措的落实。要弘扬改革创新精神，敢啃硬骨头、敢于攻坚克难，创造性地开展工作，努力在破除体制机制障碍、突破发展瓶颈中推进经济社会发展。

16.市场政府两只手都用好

经济活动的一个根本问题，就是如何最有效地配置资源。配置资源的力量不外乎两种：一种是市场的力量，另一种是政府的力量。市场的力量，主要通过供求、价格、竞争等机制功能发挥作用，人们通常称之为"看不见的手"；政府的力量，则主要通过制订计划、产业政策、财政和货币政策、法律规制以及行政手段，将资源有目的地配置到相应领域，人们通常称之为"看得见的手"。在新的起点上推动中国经济发展，核心还是要正确处理好政府和市场这"两只手"的关系。

2013年11月，党的十八届三中全会深刻总结历史经验，明确提出"使市场在资源配置中起决定性作用和更好发挥政府作用"的科学论断。这是我们党对中国特色社会主义规律认识的一个新突破，标志着社会主义市场经济发展进入了一个新阶段。

2014年5月26日，中央政治局就"使市场在资源配置中起决定性作用和更好发挥政府作用"进行第十五次集体学习。习近平总书记在主持学习时强调，使市场在资源配置中起决定性作用、更好发挥政府作用，既是一个重大理论命题，又是一个重大实践命题。科学认识这一命题，准确把握其内涵，对全面深化改革、推动社会主义市场经济健康有序发展具有重大意义。他强调，在市场作用和政府作用的问题上，要讲辩证法、两点论，"看不见的手"和"看得见的手"都要用好，努力形成市场作用和政府作用有机统一、相互补充、相互协调、相互促进的格局，推动经济社会持续健康发展。这为进一步深化经济体制改革、完善社会主义市场经济体制指明了方向。

我们党对政府与市场关系的认识经历了一个逐步深化的过程。1992 年党的十四大强调，使市场在社会主义国家宏观调控下对资源配置起基础性作用；1997 年党的十五大提出，使市场在国家宏观调控下对资源配置起基础性作用；2002 年党的十六大提出，在更大程度上发挥市场在资源配置中的基础性作用；2007 年党的十七大提出，从制度上更好发挥市场在资源配置中的基础性作用；2012 年党的十八大提出，更大程度更广范围发挥市场在资源配置中的基础性作用。从 1992 年到 2013 年党的十八届三中全会，历史的车轮走过了 21 年；从"基础性"到"决定性"，两字之改对市场作用作出了全新的定位。1992 年以来，对政府与市场的关系虽然在表述上有所调整，但主要是对市场作用"量"的调整、程度的加强，没有质的变化。十八届三中全会将其改为"决定性"作用，就意味着其他力量可以影响和引导资源配置，但决定者不是别的，只有市场。这是新一届党中央全面深化改革坚定决心的体现。对市场作用定位的"升级"，释放了一个非常重要的信号，就是我们党在推进市场化改革、发展社会主义市场经济体制这个问题上，是坚定不移的，不动摇、不后退、不停步，而且要有新突破、要上新台阶。这对国内外增强对中国改革开放发展前景的信心，稳定预期，至关重要。

党的十八届三中全会以来，关于政府与市场关系的新定位，无论是在理论界还是企业界，都得到高度认可；无论是在国内还是国外，都引起广泛关注。把握好政府和市场的关系、发挥好"两只手"的作用，需要认识以下几点：

第一，市场决定性作用怎么看？经济发展就是要提高资源尤其是稀缺资源的配置效率，以尽可能少的资源投入生产尽可能多的产品、获得尽可能大的效益。理论和实践都证明，市场配置资源是最有效率的形式。市场决定资源配置是市场经济的一般规律，市场经济本质上就是市场决定资源配置的经济。健全社会主义市场经济体制必须遵循这条规律，着力解决市场体系不完善、政府干预过多和监管不到位问题。作出"使市场在资源配置中起决定性作用"的定位，有利于在全党全社会树立关于政府和市场关系的正确观念，有利于转变经济发展方式，有利于转变政府职能，有利于抑制消极腐败现象。我们要坚持社会主义市场经济改革方向，从广度和深度上推进市场化改革，减少政府对资源的直接配置，减少政府对微观经济活动的直接干预，加快建设统一开放、竞争有序的市场体系，建立公平开放透明的市场规则，把市场机制能有效调节的经济活动交给市场，把政府不该管的事交给市场，让市场在所有能够发挥作用的领域都充分发挥作用，推动资源配置实现效益最大化和效率最优化，让企

业和个人有更多活力和更大空间去发展经济、创造财富。

第二，更好发挥政府作用怎么讲？我国实行的是社会主义市场经济体制，我们仍然要坚持发挥我国社会主义制度的优越性、发挥党和政府的积极作用。市场在资源配置中起决定性作用，并不是起全部作用。十八届三中全会决定对健全宏观调控体系、全面正确履行政府职能、优化政府组织结构进行了部署，强调政府的职责和作用主要是保持宏观经济稳定，加强和优化公共服务，保障公平竞争，加强市场监管，维护市场秩序，推动可持续发展，促进共同富裕，弥补市场失灵。更好发挥政府作用，就要切实转变政府职能，深化行政体制改革，创新行政管理方式，健全宏观调控体系，加强市场活动监管，加强和优化公共服务，促进社会公平正义和社会稳定，促进共同富裕。各级政府一定要严格依法行政，切实履行职责，该管的事一定要管好、管到位，该放的权一定要放足、放到位，坚决克服政府职能错位、越位、缺位现象。

第三，两只手产生矛盾怎么办？政府和市场的作用不是对立的，而是相辅相成的；也不是简单地让市场作用多一些、政府作用少一些的问题，而是统筹把握，优势互补，有机结合，协同发力。要划清政府和市场的边界，凡属市场能发挥作用的，政府要简政放权，要松绑支持，不要去干预；凡属市场不能有效发挥作用的，政府应当主动补位，该管的要坚决管，管到位，管出水平，避免出问题。要善于运用负面清单管理模式，只告诉市场主体不能做什么，至于能做什么，该做什么，由市场主体根据市场变化作出判断。要找准市场功能和政府行为的最佳结合点，切实把市场和政府的优势都充分发挥出来，更好地体现社会主义市场经济体制的特色和优势。

17. 强化创新这个第一动力

创新是引领发展的第一动力，创新水平决定着发展水平。当前，我国经济发展面临的诸多矛盾中，十分突出的是创新能力不足、科技水平不高、体制机制改革不够。因此，必须把创新摆在国家发展全局的核心位置，让创新贯穿党和国家一切工作，让创新在全社会蔚然成风。

创新的核心是科技创新。当今时代，新一轮科技革命和产业变革正在孕育兴起，一些重要科学问题和关键核心技术已经呈现出革命性突破的先兆，带动了关键技术交叉融合、群体跃进，变革突破的能量正在不断积累。从全球范围看，科学技术越来越成为推动经济社会发展的主要力量，创新驱动是大势所趋。如美国提出，将研发的投入提高到 GDP 的 3% 这一历史最高水平，力图在新能源、基础科学、干细胞研究和航天等领域取得突破；欧盟投资 1050 亿欧元发展绿色经济，保持在绿色技术领域的世界领先地位；英国从高新科技特别是生物制药等方面，加强产业竞争的优势；日本重点开发能源和环境技术；俄罗斯提出开发纳米和核能技术。

面对科技领域激烈竞争的态势，习近平总书记指出，唯创新者进，唯创新者强，唯创新者胜，"谁能在创新上下先手棋，谁就能掌握主动"。他在考察中国科学院、在中央政治局第九次集体学习、在中国科学院第十七次院士大会、中国工程院第十二次院士大会上的重要讲话中，反复强调了科技创新的引擎作用，强调了实施创新驱动战略的重大意义，要求增强忧患意识，紧紧抓住和用好新一轮科技革命和产业变革的机遇，"下好先手棋，打好主动仗"，不能等待、不能观望、不能懈怠。

在创新上下好先手棋，正是在对世界科技发展大势和我国推进科技创新现实需要的深刻把握，进一步强调了创新驱动战略的极端重要性，指明了我国科技创新发展的正确方向。其核心要义就是指要把科技创新摆在更加突出的位置，把创新驱动发展作为面向未来的一项重大战略实施好，坚持走中国特色自主创新道路，坚定不移地创新、创新再创新。目前，当务之急是把这一动力十足的新引擎全速发动起来。

一是树立强烈的创新自信，敢于走前人没走过的路。创新是中华民族最鲜明的民族禀赋。习近平总书记强调："我们是一个大国，在科技创新上要有自己的东西。"如果只是跟在别人后面模仿，那么就永远不可能缩小差距。经过新中国成立以来特别是改革开放以来的努力，我国整体科技发展水平已位居发展中国家前列，一些重要领域跻身世界先进行列，培养了一支宏大的科技工作者队伍，科技投入力度不断加大。我们有理由、有底气树立攀登世界科技高峰的自信。

二是努力掌握关键技术。当前，科技创新的重大突破和加快应用极有可能重塑全球经济结构，使产业和经济竞争的赛场发生转换。在传统国际发展赛场上，规则别人都制定好了，我们可以加入，但必须按照已经设定的规则来赛，没有更多主动权。抓住新一轮科技革命和产业变革的重大机遇，就是要在新赛场建设之初就加入其中，甚至主导一些赛场建设，从而使我们成为新的竞赛规则的重要制定者、新的竞赛场地的重要主导者。要准确把握重点领域科技发展的战略机遇，选准关系全局和长远发展的战略必争领域和优先方向，通过高效合理配置，深入推进协同创新和开放创新，构建高效强大的共性关键技术供给体系，努力实现关键技术重大突破，把关键技术掌握在自己手里。

三是用好改革这个点火器。加快科技体制改革步伐，破除一切束缚创新驱动发展的观念和体制机制障碍。着力推动科技和经济社会发展深度融合，处理好政府和市场的关系，打通从科技强到产业强、经济强、国家强的通道，让市场真正成为配置创新资源的力量，让企业真正成为技术创新的主体。着力增强自主创新能力，健全激励机制、完善政策环境，激发科技创新的积极性和主动性，坚持科技面向经济社会发展的导向，围绕产业链部署创新链，围绕创新链完善资金链，消除科技创新中的"孤岛现象"，破除制约科技成果转移扩散的障碍，提升国家创新体系整体效能。着力营造良好政策环境，加大政府科技投入力度，引导企业和社会增加研发投入，加强知识产权保护工作，完善推动企业技术创新的税收政策，加大资本市场对科技型企业的支持力度。着力扩大科技开放合作，充分利用全球创新资源，在更高起点上推进自主创新，并同国际科技界携手努力为应对全球共同挑战做出应有贡献。

四是抓好人才这个关键。创新的关键是人才。哪个国家拥有人才上的优势，哪个国家最后就会拥有实力上的优势。走创新发展之路，要重视集聚创新人才。要用好用活人才，建立更为灵活的人才管理机制，打通人才流动、使用、发挥作用中的体制机制障碍，最大限度支持和帮助科技人员创新创业。深化教育改革，推进素质教育，创新教育方法，提高人才培养质量，努力形成有利于创新人才成长的育人环境。积极引进海外优秀人才，择天下英才而用之。

█18. 推进记得住乡愁的城镇化

　　城镇化是人类社会发展的客观趋势，是国家现代化的重要标志。它是伴随工业化发展，非农产业在城镇集聚、农村人口向城镇集中的自然历史过程。改革开放以来，随着工业化进程加速，我国城镇化在低起点上经历了一个加速发展的过程。1978—2013 年，城镇常住人口从 1.7 亿人增加到 7.3 亿人，城镇化率从 17.9% 提升到 53.7%，年均提高 1.02

湖北省竹溪县全县乡村呈现出全域景区化的秀美景象。

个百分点;城市数量从 193 个增加到 658 个,建制镇数量从 2173 个增加到 20113 个。京津冀、长江三角洲、珠江三角洲三大城市群,以 2.8% 的国土面积集聚了 18% 的人口,创造了占总量 36% 的国内生产总值,成为带动我国经济快速增长和参与国际经济合作与竞争的主要平台。城市水、电、路、气、信息网络等基础设施显著改善,教育、医疗、文化体育、社会保障等公共服务水平明显提高,人均住宅、公园绿地面积大幅增加。城镇化的快速推进,吸纳了大量农村劳动力转移就业,提高了城乡生产要素配置效率,推动了国民经济持续快速发展,带来了社会结构深刻变革,促进了城乡居民生活水平全面提升,取得的成就举世瞩目。

同时也要看到,我国城镇化在快速发展中也积累了不少突出矛盾和问题。如大量农业转移人口难以融入城市社会,市民化进程滞后;"土地城镇化"快于人口城镇化,建设用地使用粗放低效;城镇空间分布和规模结构不合理,与资源环境承载能力不匹配;城市管理服务水平不高,"城市病"问题日益突出等。尤其是城镇化进程中对自然历史文化遗产保护不力,城镇建设低水平发展,导致城乡建设缺乏特色、"千城一面"的现象较为严重。推动城镇化建设在一些地方,成了单纯追求 GDP 增长的"跑马圈地",成了"重打锣鼓另开张"的大拆大建。此种粗放的城市发展方式,漠视城市历史文化的保护,拆除的不仅是整个村落或成片的老房屋,更拆掉了祖先延续下来的历史记忆、民俗民风和邻里文化,拆掉了人们对乡土的那份情感,"乡愁"已经成为稀缺品。

　　2013 年 12 月，中央召开了城镇化工作会议，这是改革开放以来中央召开的第一次城镇化工作会议，在我国现代化进程中具有标志性意义。习近平总书记在会上发表的重要讲话，从促进中国特色新型工业化、信息化、城镇化、农业现代化同步发展的高度，科学分析我国城镇化发展形势，明确了推进城镇化的指导思想、主要目标、基本原则、重点任务，从战略和全局上作出了一系列重大部署。让人们留下深刻印象的是，习近平总书记强调，城镇化要体现尊重自然、顺应自然、天人合一的理念，依托现有山水脉络等独特风光，让城市融入大自然，让居民望得见山、看得见水、记得住乡愁。

　　应当说，以现代化为特征的城镇化，自然不能拒绝高楼大厦，但也绝不是冰冷灰茫的水泥森林，绝不是割裂历史的横空出世。将城市融入大自然、接续传承，既有现代元素，又有历史文脉的城镇化，才是高水平的城镇化。正是在这个意义上，提出城市要让人记得住乡愁，是对过去那种拆光重来、割裂历史的城镇化建设模式的警戒，有着极强的现实针对性。

　　乡愁，《现代汉语词典》上的释义为："深切思念家乡的忧伤心情。"作为一种对家乡眷恋的情感状态，乡愁是历代文人墨客吟咏的对象，它是孩童时牵牛吃草的一脉青山，是夏日中供我们嬉闹的一方绿水，是夕阳里炊烟袅袅的一片屋瓦，是世代传承的共同记忆。强调要让人记得住乡愁，深刻表达了对提高城镇化质量的突出要求，表达了必须走出一条新型城镇化道路的坚定决心。

那么，所谓新型城镇化，到底"新"在哪里？大体有以下五个方面：一是新在以人为本，就是把人的需求和发展放在突出位置，坚持走以人为核心的城镇化。二是新在"四化同步"就是促进工业化、信息化、城镇化、农业现代化同步发展，推动信息化和工业化深度融合、工业化和城镇化良性互动、城镇化和农业现代化相互协调，促进城镇发展与产业支撑、就业转移和人口集聚相统一，促进城乡要素平等交换和公共资源均衡配置。三是新在优化布局，就是根据资源环境承载能力构建科学合理的城镇化宏观布局，促进大中小城市和小城镇合理分工、功能互补、协同发展。四是新在坚持生态文明，就是把生态文明理念全面融入城镇化进程，着力推进绿色发展、循环发展、低碳发展，推动形成绿色低碳的生产生活方式和城市建设运营模式。五是新在传承文化，就是传承保护好自然历史文化禀赋，发展有历史记忆、地域特色、民族特点的美丽城镇。

城镇化要让人记得住乡愁，就要求我们把城镇化质量明显提高摆在突出位置，扎实推进新型城镇化规划要求的各项任务。要推进农业转移人口市民化，深化户籍制度改革，解决好已经转移到城镇就业的农业转移人口落户问题，提高基本公共服务水平。要提高城镇建设用地利用效率，按照促进生产空间集约高效、生活空间宜居适度、生态空间山清水秀的总体要求，形成生产、生活、生态空间的合理结构。要建立多元可持续的资金保障机制，深化财税体制改革，改变寅吃卯粮、过度依赖土地财政的状况。要优化城镇化布局和形态，科学设置开发强度，把城市放在大自然中，把秀水清山保留给城市居民，构建现代田园城市，延续城市历史文脉。要加强城镇化的管理，加强重大政策统筹协调，增强城市规划的科学性、连续性和权威性，提高城镇化管理水平。

六、法治中国如何迈出坚实步伐

在社会主义国家，民主和法治是共产党执政的两大目标，也是执政的基本原则和方式。要保障人民民主，就必须加强法治，使民主制度化、法律化。改革开放以来，我们把加强民主政治建设摆在全局工作的重要位置，在深化经济体制改革的同时，积极推进政治体制改革，坚持党的领导、人民当家做主和依法治国有机统一，大力发展社会主义民主、不断健全社会主义法制，成功走出了一条中国特色社会主义政治发展道路，为坚持和发展中国特色社会主义提供了有力的制度保障。

"治国凭圭臬，安邦靠准绳。"今天，经过30多年改革开放，我们取得了国人未曾预料、世人普遍瞩目的大发展，13亿中国人阔步行进在复兴之路上。面向未来，靠什么巩固改革开放的成果？靠什么保证"中国号"巨轮不变航向？靠什么实现国家长治久安？法治，只有法治才靠得住，这是古今中外历史给予的明证，是13亿中国人民最大的共识。正因为如此，2014年10月中国共产党十八届四中全会专门研究法治建设问题，就全面推进依法治国作出决定。这在我们党和国家的历史上还是第一次。正如习近平总书记强调的："我们提出全面推进依法治国，坚定不移厉行法治，一个重要意图就是为子孙后代计、为长远发展谋。"

2014年12月4日，安徽省蚌埠市中级人民法院全体法官手捧宪法，庄严宣誓，迎接首个国家宪法日的到来。当日，安徽省蚌埠市中级人民法院全体法官手捧宪法，庄严宣誓，迎接首个国家宪法日的到来。

19. 核心是党的领导与法治的关系

在中国，讲到依法治国，很多人会提出这么一个问题：一方面，中国共产党是领导核心；另一方面，法治强调宪法、法律至上，那么党的领导和法治之间到底是什么关系？习近平总书记明确指出："党的领导和社会主义法治是一致的，社会主义法治必须坚持党的领导，党的领导必须依靠社会主义法治。"

　　党和法的关系是法治建设的根本问题、核心问题，处理得好，则法治兴、党兴、国家兴；处理得不好，则法治衰、党衰、国家衰。在当代中国，要走好中国特色社会主义法治道路，就要始终正确把握党和法治的关系，确保法治中国建设行稳致远。

　　一是要看到，党的领导和全面推进依法治国两者是根本一致的。从性质上看，党领导人民干的事业就是建设社会主义，我们搞的法治也是社会主义性质的法治；从宗旨上看，始终坚持人民主体地位、保证人民当家做主、维护人民合法权益，既体现了我们党的根本宗旨，也是社会主义法治建设的根本目的；从任务上看，我们党带领人民实现现代化，包括实现国家治理体系和治理能力现代化，而法治建设也是实现国家治理体系和治理能力现代化的重要内容，所以说这两者是根本一致、内在统一的。

　　二是要看到，全面推进依法治国必须坚持党的领导。在当今中国，东西南北中，工农商学兵，中国共产党是领导一切的核心力量。党的领导是中国特色社会主义最本质的特征，是社会主义法治最根本的保证。从宪法这个根本法看，我国宪法确立了在历史和人民选择中形成的党的领导地位。从历史角度看，坚持党的领导是我国社会主义法治建设的一条基本经验。可以说，坚持党的领导，事关社会主义法治建设的根本，事关党和国家的命脉。今天，我们全面推进依法治国，把这个基本方略落到实处，须臾离不开党的领导，必须始终围绕这根主轴推进法治建设。习近平总书记强调：

"我们必须牢记，党的领导是中国特色社会主义法治之魂，是我们的法治同西方资本主义国家的法治最大的区别。"加强党对社会主义法治建设的领导，关键是按照党的十八届四中全会《决定》的要求，切实做到"三统一""四善于"，即："把依法治国基本方略同依法执政基本方式统一起来，把党总揽全局、协调各方同人大、政府、政协、审判机关、检察机关依法依章程履行职能、开展工作统一起来，把党领导人民制定和实施宪法法律同党坚持在宪法法律范围内活动统一起来"；"善于使党的主张通过法定程序成为国家意志，善于使党组织推荐的人选通过法定程序成为国家政权机关的领导人员，善于通过国家政权机关实施党对国家和社会的领导，善于运用民主集中制原则维护中央权威、维护全党全国团结统一。"

三是要看到，党的领导必须依靠社会主义法治。法治是人类政治文明的重大成果。国因法而治，因法而兴。一个现代化的国家，必定是依法治理的国家；一个先进的政党，必然是依法执政的政党。对于行进在现代化之路上的中国，法治是繁荣稳定的基石；对于掌舵民族复兴航船的中国共产党，法治是执政兴国的支柱。现在，面对全面建成小康社会决定性阶段，面对改革攻坚期和深水区，依法治国在党和国家工作全局中的地位更加突出、作用更加重大。我们党要提高执政能力和执政水平，带领人民实现"两个一百年"的奋斗目标和中华民族伟大复兴的中国梦，就必须依靠社会主义法治。

总之，党的领导与依法治国二者是并行不悖的，缺一不可。坚持在党的领导下依法治国、厉行法治，同时坚持党在宪法法律范围内活动，这样才能真正实现党的领导、人民当家做主和依法治国有机统一，国家和社会生活法治化才能有序推进。

党的十八届四中全会后，有一些人纠缠党大还是法大的问题不放，不断提出一些似是而非、甚至极端错误的观点。这是一些别有用心者所为。他们并不是真为了推进中国的法治建设，而是故意把党和法治对立起来，宣扬"党、法不能两立"，其目的是企图从"法治"问题上打开缺口，达到搞乱人心、否定党的领导和社会主义制度的目的。对此，我们必须保持清醒的头脑。习近平总书记指出："我国宪法以根本法的形式反映了党带领人民进行革命、建设、改革取得的成果，确立了在历史和人民选择中形成的中国共产党的领导地位。对这一点，要理直气壮讲、大张旗鼓讲。要向干部群众讲清楚我国社会主义法治的本质特征，做到正本清源、以正视听。""在这个重大原则问题上，我们一定要明辨是非，旗帜鲜明宣示政治立场、表明政治态度，在政治立场上不能遮遮掩掩，在发挥党的领导核心作用上不能羞羞答答。"

20. 依法治国首先是依宪治国

宪法乃国家之磐石、九鼎之重器。在中国特色社会主义法律体系中，宪法居于核心和统帅地位。党的十八届四中全会《决定》和习近平总书记一系列重要讲话明确指出："坚持依法治国首先要坚持依宪治国，坚持依法执政首先要坚持依宪执政。"这个重要论断，明确了宪法在法治中国建设中的核心地位，阐明了依法治国和依宪治国、依法执政和依宪执政之间的辩证关系，对全面推进依法治国、加快建设社会主义法治国家意义深远。

宪者，法也，宪法就是法上之法、法中之法。对一个国家的治理来说，宪法是根本法、是总章程。1954年9月20日，第一届全国人民代表大会第一次会议，通过了中华人民共和国的第一部宪法。它的指导思想、基本原则、主要内容、结构形式，都受到了人们的普遍称赞，为我国以后宪法

的修改确立了基本依据。但由于极"左"路线的影响，这部宪法并没有得到很好实施，在"文化大革命"中更是被束之高阁，难以发挥作用。1975年宪法是在"文化大革命"中制定的，反映了那个时期"左"的错误，存在着严重问题。1978年宪法是在我们党和国家还没有来得及对"文化大革命"的错误进行清理的历史条件下制定的，存在着严重缺陷。现行宪法于1982年12月4日通过，它继承和发展了1954年宪法的基本原则，以国家根本法的形式，确立了中国特色社会主义道路、中国特色社会主义理论体系、中国特色社会主义制度的发展成果，反映了我国各族人民的共同意志和根本利益，成为党和国家的中心工作、基本原则、重大方针、重要政策在国家法制上的最高体现。

习近平总书记指出："只要我们切实尊重和有效实施宪法，人民当家做主就有保证，党和国家事业就能顺利发展。反之，如果宪法受到漠视、削弱甚至破坏，人民权利和自由就无法保证，党和国家事业就会遭受挫折。"回顾现行宪法颁布实施30多年来的发展历程，总结新中国成立以来60多年的历史经验，不仅可以得出一个有力结论：我国现行宪法是推动国家发展进步、保证人民创造幸福生活、保障中华民族实现伟大复兴的好宪法；更包含着一个宝贵启示：维护宪法权威，就是维护党和人民共同意志的权威；捍卫宪法尊严，就是捍卫党和人民共同意志的尊严；保证宪法实施，就是保证人民根本利益的实现。

坚持依法治国首先是坚持依宪治国，最重要的也是坚持依宪治国。必须在全社会树立宪法权威，把全面贯彻实施宪法提高到一个新水平，将"纸上的宪法"转变为"现实的宪法"，将党和人民的共同意志转化为民族复兴的强大动力。

第一，充分认识宪法的至高无上地位。从内涵来看，宪法确立了国家的根本制度、根本任务、思想基础和活动准则，也就是说，国家政治社会生活中最重要最核心的内容，都在宪法中得到确认和体现。依法治国的过程，首先就是贯彻落实宪法中所确立的制度和原则的过程。从效力上看，宪法在我国法律体系中居于统帅地位，具有最高的法律地位和法律效力。宪法是其他法律的根据和基础，所有法律都是依据宪法制定的，不得同宪法相抵触，否则无效。正是在这个意义上，我们讲宪法是母法，普通法律是子法。依法治国所依之法，首先就是宪法。从权威上看，宪法是一切组织和个人的根本活动准则，任何组织和个人都必须遵守宪法，不得超越宪法，并负有维护宪法尊严、保证宪法实施的职责。可以说，法治的权威，首先体现为宪法的权威；对法律的遵守，首先是对宪法的遵守。总之，依宪治国是依法治国的法律基础，体现了依法治国的核心内容，依法治国确定了最高准则。

第二，全面贯彻实施宪法。宪法的生命在于实施，宪法的权威也在于实施。宪法的力量不仅因其地位崇高，更源于其有效的实施和监督。我国现行宪法实施30多年来，以其至上的法制地位和强大的法制力量，为我国经济社会发展提供了有力法治保障。但同时也要看到，保证宪法实施的监督机制和具体制度还不健全，有法不依、执法不严、违法不究现象在一些地方和部门依然存在；关系人民群众切身利益的执法司法问题还比较突出；一些公职人员滥用职权、失职渎职、执法犯法甚至徇私枉法，严重损害国家法制权威；等等。这些问题不解决，必将影响宪法的效力和权威。要贯彻落实好党的十八届四中全会的部署，切实加强宪法实施，使一切违反宪法的行为都得以追究和纠正。一是要完善宪法监督制度。没有监督制度，宪法就是"没有牙齿的老虎"。要健全监督机制和程序，进一步明确全国人大及其常委会进行宪法监督的对象、范围、方式等，将原则性要求具体化、程序化，使宪法监督更规范、更有效。二是要健全宪法解释程序机制。建立完善宪法解释制度，保证宪法解释贯彻落实，同宪法修改等优势互补，与法律解释等同步推进，使宪法在保持稳定性和权威性的基础上与时俱进。三是要强化备案审查机制。加强备案审查制度和能力建设，把所有规范性文件纳入备案审查范围，依法撤销和纠正违宪违法的规范性文件，禁止地方制定带有立法性质的文件，维护宪法和法律统一。

第三，在全社会弘扬宪法精神。宪法的根基在于人民发自内心的拥护，宪法的伟力在于人民出自真诚的信仰。只有宪法精神、宪法理念深入人心，宪法权威才能真正树立起来。为此，党的十八届四中全会提出一系列重要举措。比如，设立国家宪法日。2014 年 11 月 1 日，十二届全国人大常委会第十一次会议通过了关于将 12 月 4 日设立为国家宪法日的决定。以立法形式设立国家宪法日，必将进一步彰显宪法权威、增强全民宪法观念。再比如，建立宪法宣誓制度。在当今世界142个有成文宪法的国家中，规定相关国家公职人员必须宣誓拥护或效忠宪法的有97个。党的十八届四中全会提出要在我国建立宪法宣誓制度，这对于加强宪法实施具有重要意义。要通过法定程序，出台具体实施意见，把宪法宣誓制度具体化。今后，凡经人大及其常委会选举或者决定任命的国家工作人员正式就职时公开向宪法宣誓。

党的十八届四中全会提出坚持依法治国首先要坚持依宪治国，在社会上引起了积极反响。同时，也出现一些误解误读。比如，有人认为讲依宪治国，实质上讲的就是"宪政"；还有人认为我们搞法治，最终就是要走西方"宪政"道路；等等。要保证依法治国、依宪治国沿着正确方向前进，必须弄清依宪治国和"宪政"的关系，划清两者的界限。的确，"宪政"这个词，单从字面上看，好像就是依据宪法来施政，与依宪治国差别不大。但其实，"宪政"这个概念有其特定的含义。它是西方资产阶级革命否定封建专制的产物，是对西方资本主义国家政治发展模式的概括，在经过西方学者的反复阐释和演绎后，已经成为一个具有鲜明指向和特定内涵的范畴，主要包括三权分立、多党制等基本内容。因此，西方宣扬的所谓"宪政"，是特指西方的法治发展模式。对此，我们要有清醒的认识。

21. 建立保障公平正义的制度体系

公平正义，是中国特色社会主义的内在要求。十八大以来，习近平总书记多次对促进社会公平正义作出重要论述。2012 年 12 月 4 日，习近平总书记在首都各界纪念现行宪法公布施行 30 周年大会上的讲话中强调指出，要依法公正对待人民群众的诉求，努力让人民群众在每一个司法案件中都能感受到公平正义，决不能让不公正的审判伤害人民群众感情、损害人民群众权益。2013 年 2 月 24 日，习近平总书记在中央政治局第四次集体学习时再次强调，要努力让人民群众在每一个司法案件中都感受到公平正义，所有司法机关都要紧紧围绕这个目标来改进工作，重点解决影响司法公正和制约司法能力的深层次问题。

"让人民群众在每一个司法案件中都感受到公平正义"这一重要观点一经提出，便引发了强烈社会反响，党的十八届三中全会、四中全会都将其写入全会《决定》中，作为深化司法体制改革的目标任务。广大人民群众对于以习近平同志为总书记的新一届中央领导集体保证人民平等参与、平等发展权利、维护社会公平正义的执政理念，无不充满渴望与期待。

其实，公平正义是中国共产党的一贯主张。我们党领导人民干革命、抓建设、搞改革，就是为了建设真正公平正义的社会，让人民过上幸福生活。新中国的成立和社会主义基本制度的建立，为实现公平正义奠定了根本政治前提。改革开放以来，我国以世界上少有的速度持续快速发展起来，中国人民稳定地走上富裕安康的广阔道路。这30多年，是我国经济实力和综合国力大幅提升的时期，是改善民生力度最大、人民得到实惠最多的时期。比如，2亿多贫困人口脱贫，免费义务教育全面实现，高等教育进入大众化阶段，建成了世界上最大规模的基本医疗保障网、最大规模的养老保障网，基本公共服务均等化扎实推进。今天，人们正享受着越来越多的改革发展成果，公平正义得到更多重视和保障。

同时也要看到，我国还处于社会主义初级阶段，在现有发展水平上还存在潜规则在一定范围内盛行，城乡二元结构导致城乡居民在户籍、医疗、养老等方面待遇差别较大等有违社会公平正义的现象。特别是随着经济发展和社会进步，人民群众的公平意识、民主意识、权利意识明显增强，对公平正义的诉求日益强烈。一旦自身权益受到侵害，许多人不再保持沉默，而是积极争取和维护。据一项网络调查显示，当遇到不公平现象时，83%的网民选择通过各种渠道表达诉求。事不公则心不平，心不平则气不顺，气不顺则难和谐。公平正义问题已经成为当前我国社会诸多矛盾的交结点，成为广大群众关注度很高的问题。在这样的背景下，习近平总书记鲜明提出"让人民群众在每一个司法案件中都感受到公平正义"，对于把公平正义放到更加突出的位置、创造更加公平正义的社会环境具有重要意义。深刻理解这一重要论断，就要把握好以下几个方面。

第一，公平正义是一个逐步实现的过程。习近平总书记指出，实现公平正义是由多种因素决定的，最主要的还是经济社会发展水平。我国是在经济文化比较落后的基础上建设社会主义的，虽然经过改革开放 30 多年发展，经济总量已跃居世界第二，在维护公平正义方面也取得了很大进步。但我国仍处于社会主义初级阶段，仍是一个发展中国家，人均国内生产总值排在世界第 80 多位，约为世界平均水平的一半，只有发达国家的 1/8 左右。在这样的历史条件下，一方面，面对经济社会中的矛盾和问题，要通过维护公平正义，激发社会活力，促进经济社会更好更快发展；另一方面，我们讲公平正义，又不能脱离基本国情，只能"就米下锅"，立足经济社会发展实际去满足人们的要求。因此，我们要在不断发展的基础上尽量把促进社会公平正义的事情做好，既尽力而为，又量力而行，努力使全体人民在学有所教、劳有所得、病有所医、老有所养、住有所居上持续取得新进展。

第二，制度是社会公平正义的重要保证。习近平总书记强调指出，要在全体人民共同奋斗、经济社会发展的基础上，加紧建设对保障社会公平正义具有重大作用的制度，逐步建立以权利公平、机会公平、规则公平为主要内容的社会公平保障体系。为此，要通过全面深化改革，创新制度安排，努力克服人为因素造成的有违公平正义的现象，保证人民平等参与、平等发展权利。具体来说，要从以下几方面来努力。一是权利公平。加大法制建设力度，完善法律制度体系，保障公民合法的政治权利和经济文化社会等方面权利，建立健全公民享有和行使权利的体制机制，保障人民当家做主。重点完善公共财政制度、义务教育和职业教育制度、基本医疗卫生制度、收入分配制度、社会保障制度等，促进基本公共服务均等化，使不同地区、不同人群都能享受平等"待遇"。完善权利维护和保障机制，着力解决征地拆迁、环境污染、工资拖欠等群众权益受损的突出问题，确保权利公平的实现。二是机会公平。强化政策保障，拆除制度"篱笆"，取消不合理的准入限制，使尽可能多的人有打拼的舞台。同时搭建更多平台，疏通上升渠道，让人们的创造活力

迸发出来，使大家共同享有人生出彩的机会，共同享有梦想成真的机会。对那些困难群体，还要给予更多关怀和扶持，避免"无机会群体"出现。三是规则公平。通过科学合理的制度安排，确保规则公正严明、不偏不倚，同时在全社会倡导严格按照规则办事，坚决抵制潜规则。

第三，司法公正是人民群众感受公平正义的重要方面。司法是维护公平正义的最后一道防线。但这些年来，司法不公现象时有发生，引发人们的持续关注。如果守不住这道防线，就会纵容和放大社会不公，阻断老百姓维护权益的"正道"，造成严重的社会问题。如何坚决维护法治的权威、尊严和公信力，让人民群众在每一个司法案件审理中都感受到公平正义，已成为当前必须解决的重要任务。要按照党的十八届三中、四中全会部署，深化司法体制改革，加快建设公正高效权威的社会主义司法制度，维护人民权益，让人民群众在每一个司法案件中都感受到公平正义。具体来说，一是要以公开促公正。继续加大司法公开力度，完善公开审判和公开执行制度，推广庭审电视网络直播、网上晒判决书等做法，完善新闻发言人制度和人民陪审员制度，让司法公正成为人们看得见、摸得着、感受得到的东西。二是要以完善体制促公正。确保审判机关、检察机关依法独立公正行使审判权、检察权。进一步优化司法职权配置，创新和加强审判管理，改进司法权运行机制，完善内部和外部监督制约机制，确保司法公正不断向纵深推进。三是要以强队伍促公正。强化司法执法队伍职业道德建设，牢固树立公正、廉洁、为民的价值理念，注重教育培训和社会实践，加强纪律作风建设，加大对违纪违法行为的查处力度，切实提高维护社会公平正义的能力。

22. 扎紧制权关权的制度笼子

权力是一种政治上的强制力，是指职责范围内的影响力和支配力。它犹如一把"双刃剑"，既可以用来造福人民群众，也可以用来为自己谋取私利。法国著名思想家孟德斯鸠说过："一切有权力的人都容易滥用权力，这是万古不易的一条经验。有权力的人们使用权力，一直到有界限的地方才休止。"

我国是人民当家做主的社会主义国家，国家的一切权力属于人民。领导干部手中的权力是人民赋予的，只能用来为人民谋利益。但也要看到，当前在权力运行和行使方面还存在不少突出问题。有的领导干部权力观扭曲，搞特殊化，享受做官当老爷的"尊荣"；有的把权力变成谋取个人或少数人私利的工具，搞权钱交易；有的权力过分集中，随意性很大；等等。

如何制约监督权力呢？2013年1月22日习近平总书记在十八届中央纪委二次全会上的讲话中指出："要加强对权力运行的制约和监督，把权力关进制度的笼子里，形成不敢腐的惩戒机制、不能腐的防范机制、不易腐的保障机制。"

此后，2013 年 4 月 19 日，中央政治局就我国历史上的反腐倡廉进行第五次集体学习，习近平总书记在主持学习时又强调了这一观点。2014 年 3 月 9 日，参加十二届全国人大二次会议安徽代表团审议时，2015 年 1 月 13 日在中央纪委五次全会上，再次对"把权力关进制度的笼子里"作了阐述。

　　把权力关进制度的笼子，是对健全权力运行制约和监督体系的形象的描述，就是指要通过科学的制度设计、系统的制度安排、刚性的制度执行，构建起有效管用的权力运行和监督体系，给权力戴上紧箍咒。强调扎紧制权关权的制度笼子，体现了以习近平同志为总书记的党中央对反腐倡廉制度建设的高度重视，体现了我们党对权力运行与制度制衡内在关系的深入把握，为我们进一步深化政治体制改革、更加科学有效地防治腐败指明了方向。必须坚持用制度管权管事管人，建立决策科学、执行坚决、监督有力的权力运行体系，把笼子扎得紧一点，严防"牛栏关猫"，使权力运行守边界、有约束、受监督。

一是形成科学有效的权力制约和协调机制。扎紧制度笼子，首先要做好顶层设计，合理分解权力，科学配置权力，形成科学的权力结构和运行机制。要完善党和国家领导体制，坚持民主集中制，充分发挥党的领导核心作用。按照结构合理、配置科学、程序严密、制约有效的原则，逐步建立健全决策权、执行权、监督权既相互制约又相互协调的权力结构和运行机制，确保国家机关按照法定权限和程序行使权力。规范各级党政主要领导干部职责权限，科学配置党政部门及内设机构权力和职能，明确职责定位和工作任务。

二是强化权力运行公开。阳光是最好的防腐剂。权力只有公开运行，才能防止被滥用。要推行地方各级政府及其工作部门权力清单制度，依法公开权力运行流程。完善党务、政务和各领域办事公开制度，推进决策公开、管理公开、服务公开、结果公开。广大党员干部要养成在"放大镜、聚光灯"下行使权力的习惯，杜绝"暗箱操作"、公器私用，把人民赋予的权力真正用来为人民谋利益。

三是加强对权力运行的监督。马克思、恩格斯说过：一切公职人员必须"在公众监督之下进行工作"，这样"能可靠地防止人们去追求升官发财"和"追求自己的特殊利益"。领导干部使用权力，使用得对不对，使用得好不好，当然要接受党和人民监督。不想接受监督的人，不能自觉接受监督的人，觉得接受党和人民监督很不舒服的人，不具备当领导干部的起码素质。要健全和完善党内监督、民主监督、法律监督和舆论监督体系，最大限度减少体制障碍和制度漏洞。要加强对领导干部特别是一把手的监督，加强领导班子内部监督，加强行政监察、审计监督、巡视监督，形成对领导干部的严格约束，保证领导干部始终保持如履薄冰、如临深渊的警觉，做到位高不擅权、权重不谋私。

四是反对特权思想、特权现象。在一些干部中，特权思想、特权现象比较严重。违规占有多套住房、违规占有公家车辆、违规侵占群众利益等特权现象，严重损害社会公平正义，引起群众极大不满。习近平总书记指出："我们共产党人决不能搞封建社会那种'封妻荫子'、'一人得道，鸡犬升天'的腐败之道!"各级领导干部特别是高级干部要牢固树立正确的权力观、地位观、利益观，自觉遵守廉政准则，既严于律己，又加强对亲属和身边工作人员的教育和约束，决不允许以权谋私，决不允许搞特权。

七、中华文化如何
实现大发展

　　文化是执政的重要力量，实现执政兴国，总是以文化兴盛为支撑的。中国共产党是一个具有高度文化自觉的政党。回顾我们党 90 多年的奋斗历程，我们党总是以思想文化上的觉醒和觉悟，来把握前进方向、凝聚奋斗力量、推动事业发展。无论是革命战争年代还是建设改革时期，每逢重要历史关头，都紧密结合时代条件，从实现党的中心任务出发，高举起发展先进文化的旗帜，阐明自己的文化纲领和奋斗目标，提出切实有效的文化政策，在实现文化的历史进步中，有力地推动了党的事业顺利发展。

　　党的十八大以来，以习近平同志为总书记的党中央高度重视文化建设。从加强马克思主义理论研究和建设，到反复强调做好新形势下意识形态工作，从密集阐述社会主义核心价值观，到要求提高国家文化软实力，从纵论中华传统文化，到主持召开文艺工作座谈会，习近平总书记就文化建设作出一系列重要论述，提出一系列重要思想，为促进社会主义文化大繁荣大发展进一步指明了方向。

23. 核心价值观是国家的重要稳定器

　　核心价值观是国家治理体系和治理能力的重要方面，是执政党巩固执政地位、完成执政使命的重要支撑。

对一个民族和国家来说，核心价值观是最持久、最深层的力量，要把全社会意志和力量凝聚起来，必须有一套与经济基础和政治制度相适应并能形成广泛社会共识的核心价值观。否则，一个民族就没有赖以维系的精神纽带，一个国家就没有共同的思想道德基础。在这个意义上说，核心价值观是一个国家的重要稳定器。我国古代形成的以"仁义礼智信"为主要内容的核心价值观，为两千多年封建社会统治秩序和社会秩序提供了精神支撑。近代西方资产阶级在文艺复兴、启蒙运动中提出"自由、平等、博爱"等价值观念，形成了以个人本位主义为基础的价值体系，对建立和巩固资本主义制度发挥了重要作用。当今社会，各国都十分重视培育

和弘扬核心价值观，不遗余力地对国民进行宣传教育。可见，无论历史还是现实都表明，构建具有强大感召力的核心价值观，关系社会和谐稳定，关系国家长治久安。

当前我国正处于大发展大变革大调整时期，经济体制深刻变革，社会结构深刻变动，利益格局深刻调整，思想观念深刻变化，迫切需要一种具有强大吸引力和感召力的精神力量来推动形成最广泛的价值共识。2006 年，我们党提出了建设社会主义核心价值体系的重大命题，党的十八大着眼于对社会主义核心价值体系的凝练表达，又提出了以"三个倡导" 24 个字为主要内容的社会主义核心价值观，这是我们党适应全党全社会共同期待作出的战略决策。

从根本上来说，社会主义核心价值观与社会主义核心价值体系在本质上是一致的、统一的，它们都体现了社会主义的核心价值追求，是建设中国特色社会主义不可或缺的重要组成部分。社会主义核心价值体系指的是社会主义意识形态中那些反映社会主义经济、政治和文化制度要求，体现社会主义发展趋势的核心思想意识、价值观念的总和，而社会主义核心价值观则是对社会主义核心价值体系核心内容和精神实质的高度凝练及抽象概括。从具体内容来看，社会主义核心价值体系是一个由马克思主义指导思想、中国特色社会主义共同理想、以爱国主义为核心的民族精神和以改革创新为核心的时代精神、社会主义荣辱观等多方面内容所构成的科学价值体系，而社会主义核心价值观则是对核心价值体系根本目标和要求的集中体现。确立社会主义核心价值观与构建社会主义核心价值体系，是一个相辅相成、有机统一的过程。

十八大以来，习近平总书记对培育和践行社会主义核心价值观高度重视，提出一系列明确要求。比如，2014年2月，中央政治局专门就培育和弘扬社会主义核心价值观进行集体学习，习近平总书记作重要讲话，对全社会提出了要求；五四青年节到北京大学同师生座谈时，对高校师生讲了这个问题；5月底，在上海考察工作时，对领导干部弘扬和践行社会主义核心价值观提出要求；六一儿童节前夕，在北京海淀民族小学同师生座谈时讲了这个问题；6月上旬，在两院院士大会上也提了这方面要求；9月教师节前夕，在北京师范大学同师生座谈，再次强调了这个问题；10月，在文艺工作座谈会上对文艺界培育和弘扬社会主义核心价值观提出要求。在这一系列重要讲话中，习近平总书记反复强调，要把培育和弘扬社会主义核心价值观作为凝魂聚气、强基固本的基础工程，利用各种时机和场合，采取各种方式和手段，形成有利于培育和弘扬核心价值观的生活情景和社会氛围，使核心价值观的影响像空气一样无所不在、无时不有。

将核心价值观的影响比喻为"空气"，就是强调要通过潜移默化的教育熏陶和全方位的覆盖传播，使得社会主义核心价值观人人熟知、家喻户晓，生动形象地表达了培育和弘扬社会主义核心价值观应当秉持的方法论。要通过教育引导、舆论宣传、文化熏陶、实践养成、制度保障等，使社会主义核心价值观内化为人们的精神追求，外化为人们的自觉行动。

第一，广泛开展核心价值观的宣传教育。核心价值观24个字词，凝练概括了国家的价值目标、社会的价值取向和公民的价值准则。富强、民主、文明、和谐是国家层面的价值目标，表达的是国家的意志，是全体人民的共同价值理想；自由、平等、公正、法治是社会层面的价值取向，表达的是社会秩序，是人们对现实社会的价值诉求和期待；爱国、敬业、诚信、友善是公民个人层面的价值准则，表达的是社会成员的道德自律，是社会成员的基本道德规范。这三个层面相辅相成、密切相连，形成一个整体，回答了我们要建设什么样的国家、建设什么样的社会、培育什么样的公民的重大问题。要重视教育引导的基础性作用，加大研究阐释力度，把"三个倡导"24个字的基本内容讲清楚，把内在关系讲清楚，引导人们全面把握其基本内涵，增强对核心价值观的理性认知与认同。要从娃娃抓起，把核心价值观的基本内容和要求融入学校教育教学之中，做到进教材、进课堂、进头脑。发挥精神文化产品潜移默化的作用，运用各类文化形式，生动具体地表现核心价值观。充分发挥先进典型和英雄模范的示范作用，发挥广大党员、干部的带头作用，用他们的模范行为和高尚人格感召群众。

第二，更好地发挥中华优秀传统文化的作用。中华优秀传统文化积淀着中华民族最深层的精神追求，是中华民族生生不息、发展壮大的丰厚滋养，是社会主义核心价值观的深厚源泉。应当立足中华优秀传统文化，用好这湾源头活水，用其蕴含的精神财富来以文化人、以文育人。要以科学态度对待传统文化，坚持历史唯物主义的立场、观点、方法，古为今用、推陈出新，有鉴别地加以对待，有扬弃地予以继承，既不能厚古薄今，也不能厚今薄古。大力传承和弘扬优秀传统文化，系统梳理传统文化资源，认真汲取其中的思想精华，深入挖掘和阐发其时代价值，按照时代特点和要求，对其内涵和表现形式加以改造、补充、拓展、完善，推动传统文化的创造性转化、创新性发展，激活其生命力，增强其影响力和感召力，更好地以文化自信支撑价值观自信。

第三，切实将核心价值观融入社会生活各方面。要在落细落小上下功夫，使社会主义核心价值观在人们心中播下种子，生根、开花、结果。要弘扬中华传统美德，加强社会公德、职业道德、家庭美德、个人品德建设，激发人们形成善良的道德意愿、道德情感，培能正确的道德判断和道德责任。加强实践养成，充分利用重大纪念日、重要传统节日开展主题实践活动，广泛开展升国旗、入党入团入队等有庄严感的礼仪活动，开展学雷锋志愿服务等精神文明创建活动，增强人们的认同感和归属感。发挥法律政策的规范引领作用，使政策制度、法律法规都体现核心价值观的要求，都要有利于核心价值观的培育，使符合核心价值观的行为得到鼓励、违背核心价值观的行为制约。健全各行各业规章制度，完善市民公约、乡规民约、学生守则等行为规则，使核心价值观成为人们日常工作生活的基本遵循。

24. 传承中华优秀传统文化的基因

不忘本来才能开辟未来。只有礼敬传统、扎根历史，治国理政才能站稳脚跟，获得最深厚的文化软实力。

在 5000 多年文明发展进程中，中华民族创造了博大精深的灿烂文化，在人类文明宝库中占有重要地位。包括儒家思想在内的中国传统思想文化中的优秀成分，对中华文明形成并延续发展几千年而从未中断具有决定性的意义。我们之所以能形成和维护团结统一的政治局面，巩固多民族和合一体的大家庭，之所以能形成和丰富中华民族精神，激励中华儿女维护民族独立、反抗外来侵略，推动中国社会发展进步，优秀传统文化，都发挥了十分重要的作用。可以说，中华传统文化是中华民族的精神家园，是我们精神世界的根脉所在。

近代以后，对中华传统文化的认识、传承和发展经历了一个曲折的过程。西方的坚船利炮打破了"天朝上国"的幻梦，中国逐步沦为半殖民地半封建社会。国家命运的巨大落差，使许多人包括一些先进分子都认为，中国之所以落后，不仅是器物、制度不如人，更是文化不如人，对民族文化丧失信心，甚至提出"全盘西化"的主张。中华传统文化遭遇到深刻危机，其影响至今尚未完全消除。中国共产党自成立之日起，就扛起传承弘扬中华文化、倡导发展先进文化的大旗，不断赋予中华文化以时代的丰富内涵，中华优秀传统文化获得了更新发展。当然，这期间我们也走过弯路，"文化大革命"十年浩劫横扫"一切牛鬼蛇神"，使传统文化的传承遭受挫折。改革开放以来，随着经济社会快速发展，人民群众对精神文化的需求越来越强烈，中华传统文化的精神家园作用越来越凸显。在新的历史条件下，迫切继续发扬光大中华优秀传统文化，充分发挥其形成价值共识、引领道德风尚、推动文化繁荣发展的重要作用。

还要看到，当今世界，文化在综合国力竞争中的地位和作用越来越重要，这也对弘扬中华优秀传统文化独特优势、

美国布莱恩特等五所大学孔子学院联合举办活动庆祝"孔子学院日"。

增强国家文化软实力提出了迫切要求。不可否认，现在人类正面临着许多突出的难题，如贫富差距持续扩大、物欲追求奢华无度、个人主义恶性膨胀、伦理道德每况愈下、人与自然关系日趋紧张，等等。要解决这些难题，不仅需要运用人类今天发现和发展的智慧和力量，而且需要运用人类历史上积累和储存的智慧和力量。中国优秀传统文化的丰富哲学思想、人文精神、教化思想、道德理念等，蕴藏着解决当代人类面临的难题的重要启示，迫切需要结合时代条件加以继承和发扬。

正因为如此，十八大以后习近平总书记高度重视中华文化的传承和发展。2013 年 8 月，他在全国宣传思想工作会议上指出，中华文化积淀着中华民族最深沉的精神追求，包含着中华民族最根本的精神基因，代表着中华民族独特的精神标识，是中华民族生生不息、发展壮大的丰厚滋养。11 月 26 日，他专程来到山东曲阜，参观考察孔府和孔子研究院，并同有关专家学者座谈，强调中华民族有着源远流长的传统文化，也一定能够创造中华文化新的辉煌。12 月 30 日，在中央政治局第十二次集体学习时的讲话中指出，要使中华民族最基本的文化基因与当代文化相适应、与现代社会相协调。此外，习近平总书记还在多个场合的讲话中，分别使用"精神标识""精神命脉"等与"精神基因"相近的表述，阐明中华文化的源远流长、博大精深，阐明中华优秀传统文化是我们民族的"根"和"魂"，绝不可丢弃，引发社会各界的强烈共鸣。

将中华文化重要性比喻为"精神基因"，深刻揭示了中华文化之于中华民族的价值所在，体现了深邃的历史视野和敏锐的时空洞察。我们必须以对民族、对历史高度负责的精神，把传承民族优秀文化作为义不容辞的责任，更好地用民族优秀文化滋养民族生命力、激发民族创造力、铸造民族凝聚力，建设好中华民族的共有精神家园。

第一，深刻认识优秀传统文化对中华民族生存发展的精神价值。基因，是内在灵魂，是根脉。正如人长得像自己的父母是有遗传基因，一个民族也有自己独特的精神基因，从而形成不同于其他民族的民族性格和价值取向。中华民族的精神基因、文化根脉，就存在于传统文化里。中华民族具有5000多年连绵不断的文明历史，千百年来，中华文化中凝聚、积淀、总结了许多优秀、精辟、独特的思想精华，诸如筚路蓝缕、以启山林的开拓精神，艰难困苦、玉汝于成的顽强意志，舍生取义、视死如归的英雄气概，海纳百川、虚怀若谷的博大胸怀，修齐治平、治国安民的政治理想，"载舟""覆舟"、居安思危的忧患意识，革故鼎新、自强不息的执着追求，等等，包含着伟大的民族精神、高尚的社会风尚以及那些治国理政的思想精华。这些宝贵的思想文化遗产，已经深深融入中华民族的文化血脉之中，体现在一代一代仁人志士的人生实践中，体现在中华民族传诵千古的诗文里。可以说，在历史进程中凝聚下来的优秀文化传统，已经成为深深烙印在民族心灵中的精神基因，必将随着时间推移而焕发出愈益夺目的光彩。对这些精神基因、标识，我们要引以为豪、倍加珍惜，保持足够的敬畏，任何时候都不能抛弃，否则我们精神世界就将成为荒漠，我们的灵魂栖息地就将推动依托。

第二，深刻认识中华优秀传统文化是中华民族的独特优势。人们常说，越是民族的，就越是世界的。以儒学为代表的中华传统文化，在世界文化体系中具有很重要的地位，极大地丰富了人类多元文化的内涵。东亚、东南亚可以说是一个儒家文化圈，今天，在日本、韩国、新加坡、越南和其他很多相邻、相近的国家，从建筑民居、婚姻家庭、生活习俗等方面都可以看到中华传统文化的深刻影响。被尊为"万世师表"的孔子，即便是以西方的视角和标准，在历次"世界上最有影响力的思想家"国际评议中，都名列"十大人物"之一。截至 2015 年 12 月，全球134 个国家和地区已建立了 500 所孔子学院和 1000 个孔子课堂，受到各国人民欢迎，为推进中国同世界各国人文交流、促进多元多彩的世界文明发展做出了重要贡献。所有这些，都是中华传统文化魅力非凡的鲜活例证，也更进一步增强了我们传承弘扬好中华优秀传统文化的历史责任感和时代使命感。

第三，深刻认识推动优秀传统文化创造性转化和创新性发展的要求。善于继承才能更好创新。要总结和继承从孔夫子到孙中山这份珍贵的遗产，坚持古为今用、去粗取精、去伪存真、因势利导、深化研究，有鉴别地加以对待，有扬弃地予以继承，努力用中华民族创造的一切精神财富来以文化人、以文育人。讲清楚中华优秀传统文化的历史渊源、发展脉络、基本走向，讲清楚中华文化的独特创造、价值理念、鲜明特色，增强文化自信和价值观自信。认真汲取中华优秀传统文化的思想精华和道德精髓，大力弘扬以爱国主义为核心的民族精神和以改革创新为核心的时代精神，深入挖掘和阐发中华优秀传统文化讲仁爱、重民本、守诚信、崇正义、尚和合、求大同的时代价值，使中华优秀传统文化在新的时代条件下不断发扬光大。广泛开展中华优秀传统文化的宣传普及活动，在国民教育中增加优秀传统文化内容，更好地用中华优秀传统文化滋养人们心灵、陶冶道德情操，引导人们树立和坚持正确的历史观、民族观、国家观、文化观，增强做中国人的骨气和底气。

25. 在原则问题上要敢于发声亮剑

审视当今中国社会的思想舆论，如果用一个字来概括，可能比较合适的是"多"。这几年，我们经常讲的就是多元、多样、多变。确实，经过改革开放30多年的快速发展，伴随着物质财富的巨大增加，就是社会思想观念的多样杂陈。这既是一个必然的结果，也是一个客观的趋势。每一个家庭中，夫妻之间、父母子女之间的认识都很难一致，何况13亿多人口的国家呢？但是，这种"多""杂"如果任其发展，超过一定限度，则会危及主流意识形态的安全。

对一个国家来说，意识形态是建立国家政权、巩固国家政权的重要支撑；对一个民族来说，意识形态是"黏合剂"，把整个民族团结维系在一起。正因为如此，习近平总书记强调指出，意识形态工作是党的一项极端重要的工作，事关党的前途命运，事关国家长治久安，事关民族凝聚力和向心力。当前，我国社会主流意识形态积极健康向上，同时也要看到，意识形态领域并不平静。从国际看，世界范围内各种思想文化交流交融交锋更加频繁，国际思想文化领域斗争深刻复杂；从国内看，在社会深刻变革和对外开放不断扩大的条件下，各种社会矛盾和问题相互叠加、集中呈现，人们思想活动的独立性、选择性、多变性、差异性明显增强，带来思想观念的碰撞激荡和社会思潮的此起彼伏，各种力量都竞相发声，各种声音都想扩大影响。特别是要看到，随着网络新媒体的日益发展和西方敌对势力加紧对我进行思想文化渗透，一些错误思想观点在网上还不时泛滥，少数人经常借题发挥、小题大做，制造大量混淆视听的负面舆论，恶意抹黑和"唱衰"中国。实事求是地讲，如果听任这些言论大行其道，势必搞乱党心民心，危及社会和谐稳定和国家政权安全。

应当明确，在思想文化领域、在意识形态领域，我们不应搞无谓争论，但是对重大政治原则和大是大非问题，支持什么、反对什么，必须旗帜鲜明、态度坚定。在这个问题上，党员干部特别是领导干部绝不能以"爱惜羽毛"为开脱，似是而非、模棱两可，更不能沉默失语、没有声音。强调这一点，对于新的历史条件下做好意识形态工作、巩固壮大主流意识形态具有重要意义。各级党组织和广大党员干部要充分认识意识形态工作的极端重要性，始终保持清醒头脑，保持战略定力，坚决贯彻中央关于意识形态工作的决策部署，把意识形态工作领导权和话语权牢牢掌握在手中。

第一，严格落实领导责任。"掌握思想领导是掌握一切领导的第一位。"党要管党，理所当然要管意识形态。在这方面，明确责任是前提，有责任才会有担当。各级党委要负起政治责任和领导责任，加强对宣传思想领域重大问题的分

近年来，各地持续"亮剑"，开展打击网络谣言专项行动，查处利用互联网制造和故意传播谣言人员。图为北京地区网站联合辟谣平台正式上线。

析研判，加强对重大战略性任务的统筹指导，推动重大部署、重要任务的落实。党委主要负责同志要带头抓意识形态工作，带头阅看本地区本部门主要媒体的内容，带头把住本地区本部门媒体的导向，带头批评错误观点和错误倾向。只有把相关责任明确到岗、具体到人，形成各负其责、层层压实的责任链，才能推动把意识形态工作落到实处。

第二，敢于发声亮剑。面对意识形态领域的各种问题，广大党员干部特别是领导干部要站稳政治立场、增强政治定力，勇于担当、敢抓敢管。特别是牵涉到大是大非问题、政治原则问题，我们绝不能态度暧昧、独善其身，绝不能含糊其辞，更不能退避三舍，而是要敢于站在风口浪尖上进行斗争，要当"战士"而不能当"绅士"。要旗帜鲜明地亮明立场、表明态度，主动有效地发声，共同把社会主义意识形态大厦维护好、巩固好。

第三，树立大宣传的工作理念。在日益复杂的国际国内环境下，能不能更好地坚持党的领导、坚持和发展中国特色社会主义，是对当代中国共产党人的严峻考验。从这个高度来认识意识形态工作，无疑任务更重、要求更高，只有全党动手，构建各个部门、各个方面一起来做的大格局，才能做好新形势下意识形态工作的大文章。在这方面，宣传思想部门承担着十分重要的职责，必须守土有责、守土负责、守土尽责。同时，还要动员各条战线各个部门一起来做，把意识形态工作同各个领域的行政管理、行业管理、社会管理更加紧密地结合起来，形成共同做好意识形态工作的强大合力。

八、中国社会如何提升治理

　　社会治理是国家治理的重要内容，治国理政必须把社会治理放在突出位置。新中国成立以来特别是改革开放以来，中国共产党高度重视社会建设和社会治理，逐步明确社会建设在中国特色社会主义总布局中的重要地位，提出构建社会主义和谐社会的战略任务，着力促进经济社会协调发展，大幅提高了人民生活水平，有力推动了社会事业进步、维护了社会和谐稳定。随着我国进入发展关键期和改革攻坚期，经济社会生活空前复杂，社会结构深刻变动，利益关系错综复杂，社会矛盾易发多发，社会稳定风险加大，给社会建设和社会治理带来前所未有的压力和挑战。

　　"我们的人民热爱生活，期盼有更好的教育、更稳定的工作、更满意的收入、更可靠的社会保障、更高水平的医疗卫生服务、更舒适的居住条件、更优美的环境，期盼孩子们能成长得更好、工作得更好、生活得更好。人民对美好生活的向往，就是我们的奋斗目标。"2012 年 11 月 15 日，习近平总书记在新一届中央政治局常委同中外记者见面时的这段讲话，朴实亲切、饱含深情，温暖了亿万人的心。党的十八大以来，党中央坚持以民为本、以人为本执政理念，把民生工作和社会治理工作作为社会建设的两大根本任务，高度重视、大力推进，取得新的重大进展和成效。

26. 保障人民共享发展成果

2013 年 3 月 17 日，在第十二届全国人民代表大会第一次会议闭幕会上，新当选的国家主席习近平发表重要讲话。他指出："生活在我们伟大祖国和伟大时代的中国人民，共同享有人生出彩的机会，共同享有梦想成真的机会，共同享有同祖国和时代一起成长与进步的机会。有梦想，有机会，有奋斗，一切美好的东西都能够创造出来。"这三个"共享"提出后，在全社会引起热烈反响和共鸣，让人们看到"每个梦想都开花"的美好前景。

共享，既是我们发展的重要目标，又是引领发展的重要理念。2015 年 10 月召开的十八届五中全会，提出了包括共享在内的五大发展理念，强调要坚持共享发展，按照人人参与、人人尽力、人人享有的要求，着力增进人民福祉。这对于保障基本民生，实现全体人民共同迈入全面小康社会，具有十分重要的现实指导意义。

第一，共享体现了社会主义公平正义原则。中国特色社会主义是亿万人民自己的事业，人民的积极性、主动性、创造性的充分发挥，是我们事业兴旺发达的根本保证。人民群众是发展的主体，也应是发展的最大受益者。要把改革发展取得的各方面成果，体现在不断提高人民的生活质量和健康水平上，体现在不断提高人民的思想道德素质和科学文化素质上，体现在充分保障人民享有的经济、政治、文化、社会、生态权益上。必须坚持把最广大人民的根本利益作为制定和贯彻党的方针政策的基本着眼点，正确反映和兼顾不同地区、不同部门、不同方面群众的利益，在促进发展的同时，把维护社会公平放在更加突出的位置，促进创造财富和公平分配的协调，下大气力解决好各种民生问题，使发展成果更多更公平惠及全体人民，朝着共同富裕的方向稳步前进。

第二，共享具有很强的现实针对性。改革开放 30 多年来，绝大多数中国人都从中受益，享受了社会发展进步的成果。但不同地区和部门、不同群体和个人在享受经济社会发展成果的多少方面差距较大，部分群众因为各种原因生活还有一些困难，劳动就业、收入分配、社会保障、住房、医疗、子女上学等方面的问题成为社会关注的热点。人们尤其对社会不公问题的呼声越来越高。比如，潜规则在一些领域盛行，有的人靠钻空子、搞门道一夜暴富，有的人靠"萝卜招聘"捧上"好饭碗"，有的人靠"拼爹"获得"火箭式提拔"；求人的事屡见不鲜，无论是升学、看病、生孩子，还是办企业、上项目，很多都得走关系、靠背景，甚至有人说"中国人从摇篮到坟墓都要求人"；城乡二元结构尚未打破，城乡居民在医疗、养老等方面待遇差别较大；户籍制度改革呼声很高，但进展还不尽如人意，导致农民工等流动人口"徘徊"在城市边缘，享受不到应有待遇；养老保险接续、随迁子女高考等方面的政策不完善，也加剧了一些人的不公平感；等等。习近平总书记提出的"三个共享"，直面社会反映强烈的这些突出问题。

第三，共享彰显了人民幸福的评价标准。党的一切奋斗和工作都是为了造福人民。人民群众是我们工作实绩的最高评判者，人民幸福是我们党奋斗的全部价值所在。邓小平同志很早就指出，"人民拥护不拥护，人民赞成不赞成，人民高兴不高兴，人民答应不答应"，是衡量我们工作的根本标准。习近平总书记指出："让老百姓过上好日子是我们一切工作的出发点和落脚点。"现在，我们经常讲"幸福指数"，共享就体现了人民幸福的根本追求。

27.着力补齐民生短板

民生是人民幸福之基、社会和谐之本。民生连着民心、民心凝聚民力，做好保障和改善民生工作，事关群众福祉和社会和谐稳定。习近平总书记在 2015 年 10 月召开的十八届五中全会上指出，谋划"十三五"时期经济社会发展，必须全力做好补齐短板这篇大文章。这既指出了在保障和改善民生方面存在的不足，又指明了今后做好民生工作的重点和着力点。

党的十八大以来，我们党把民生工作作为社会建设的根本任务，在深入分析国际经济形势和国内改革发展稳定的繁重任务的基础上，鲜明提出要按照"守住底线、突出重点、

目前，我国最低生活保障制度实现了全覆盖，困难群众生活得到更好保障。

完善制度、引导舆论"的思路做好民生工作。"守住底线"就是要形成以保障基本生活为主的社会公平保障体系，织牢民生安全网的"网底"；"突出重点"就是要对重点群体和重点地区进行倾斜；"完善制度"就是要形成系统全面的制度保障；"引导舆论"就是要促进形成良好舆论氛围和社会预期。近年来，按照这一基本思路，我们进一步加大民生工作力度，人民群众生活水平和质量有了明显提高。

当前，在社会事业发展、民生保障等方面存在一些明显的短板，必须在补齐短板上着力。要从社会主义初级阶段基本国情出发，着力保障基本民生，多做雪中送炭的工作，为困难群众提供基本生活保障，坚决守住民生底线，实现全体人民共同迈入全面小康社会。

第一，改善民生主要在于保基本。坚持普惠性、保基本、均等化、可持续方向，从解决人民最关心最直接最现实的利益问题入手，增强政府职责，提高公共服务共建能力和共享水平。我们现在基本医保已经总体覆盖全民，基本养老参与人数也超过 8 亿人。要继续巩固和扩大义务教育、就业服务、社会保障、基本医疗和公共卫生、公共文化、环境保护等方面基本公共服务，构建统筹城乡的社会保障网。更加大对革命老区、民族地区、边疆地区、贫困地区的转移支付。要创新公共服务提供方式，能由政府购买服务提供的，政府不再直接承办；能由政府与社会资本合作提供的，广泛吸引社会资本参与。

第二，改善民生重点在于兜底线。农村贫困人口脱贫是全民建成小康社会最艰巨的任务。要实施脱贫攻坚工程，实施精准扶贫、精准脱贫，因人因地施策，提高扶贫实效。要分类扶持贫困家庭，实现低保政策和扶贫政策衔接，对贫困人口应保尽保，实现现行标准下农村贫困人口脱贫，贫困县全部摘帽，解决区域性整体贫困。现在，我国大部分群众生活水平有了很大提高，同时由于我们国家大、各地发展条件不同，还有为数不少的困难群众。对各类困难群众，要关心他们的疾苦，千方百计帮助他们排忧解难。2013 年 2 月底，我国第一部统筹各项社会救助制度的行政法规——《社会救助暂行办法》出台，以法律制度形式明确了社会救助制度体系的内容。要统筹救助体系，强化政策衔接，推进制度整合，形成保障困难群众基本生活的安全网。

第三，要倡导通过勤劳致富改善生活。努力让人民过上更好生活是党和政府工作的方向，但不是说党和国家要大包大揽。这是因为我国仍处于并将长期处于社会主义初级阶段，社会政策托底不能脱离这个最大的实际，提出过高目标，只能根据经济发展和财力状况逐步提高。从世界范围看，拉美、中东和美国以及一些欧洲国家的教训表明，不切实际的高承诺、高福利、高债务，要么是失信于民、政府垮台，要么是债务累累，财政危机。因此，吸取一些国家"福利病"的教训，在发展的基础上保障和改善民生，使广大群众进一步树立通过勤劳致富改善生活的理念，使人们真正认识到改善民生既是党和政府工作的方向，也是自身奋斗的目标。要创造和维护权利公平、机会公平和规则公平的社会环境，鼓励个人努力工作、勤劳致富，让社会上每个人通过努力都有成功机会。

总之，保障和改善民生是一项长期工作，就当前和今后一个时期来说，要着力在补齐短板上下功夫。当然，保障和改善民生，也要既尽力而为又量力而行。尽力而为，就要竭尽全力而不是有所保留，锲而不舍而不是半途而废；量力而行，就要立足国情而不脱离实际，遵循规律而不违背规律。要按照这个思路，把保障和改善民生工作更加科学有效、扎实稳步地推向前进。

28. 社会治理要有秩序又有活力

随着改革开放和社会主义市场经济的发展，新的社会事务大量产生，新的社会主体日趋活跃，各种社会矛盾不断增多，社会稳定风险不断加大。如何在激发和保持社会活力的同时，有效维护社会大局稳定，是我们持续面对的一项重大课题。

"社会治理是一门学问，管得太死，一潭死水不行；管得太松，波涛汹涌也不行。要讲究辩证法，处理好活力和秩序的关系"，"在具体工作中，不能简单依靠打压管控、硬性维稳，还要重视疏导化解、柔性维稳，注重动员组织社会力量共同参与。"这是 2014 年 1 月 7 日，习近平总书记在中央政法工作会议上，围绕社会治理提出的重要观点。它强调加强和创新社会治理，要进一步解放和增强社会活力，特别要处理好活力和秩序的关系，既不能死水一潭，也不能暗流汹涌，而是既要有活力，又要有秩序，主要通过疏导等柔性手段化解矛盾、维护稳定。这就对我们不断提高国家治理水平特别是社会治理水平，提出了新的更高要求。

改革开放以来，党和政府始终高度重视社会治理，为形成和发展适应我国国情的社会管理制度进行了不懈地探索和实践，取得了重大成绩，积累了宝贵经验。同时也要看到，当前我国改革处于攻坚期和深水区，社会稳定进入风险期，维护国家安全和社会稳定的任务十分繁重艰巨，社会治理面临新情况新问题。比如，人民内部矛盾易发多发，矛盾主要集中在农村土地征用、城镇房屋拆迁、国有企业改制、涉法涉诉等领域，因劳资纠纷、医患纠纷、环境污染、非法集资、股市房市投资受损等引发的矛盾明显增多。公共安全形势严峻，安全生产事故时有发生，食品安全问题时有出现，严重影响人民群众生命健康安全。外部势力千方百计进行渗透破坏活动，国家安全面临严峻挑战，等等。从总体上看，我国社会领域存在的诸多问题，是我国经济社会发展水平和阶段性特征的集中反映，对我们提高社会管理水平提出了新的更高要求，必须通过深化改革，实现从传统社会管理转向社会治理的创新。

习近平总书记借用"死水一潭"和"暗流汹涌"为喻，对社会发展中要处理好活力和有序的关系提出明确要求，生动形象，通俗易懂，鲜明地揭示了加强和创新社会治理的重大意义和深刻内涵。我们要顺应经济社会发展要求，探索新办法新途径，不断提高社会治理科学化水平，更好地保障人民安居乐业、社会安定有序。

第一，创新社会治理体制，改进社会治理方式。总的思路就是"四个治理"：系统治理、依法治理、综合治理、源头治理。要坚持系统治理，加强党委领导，发挥政府主导作用，鼓励和支持社会各方面参与，实现政府治理和社会自我调节、居民自治良性互动。坚持依法治理，加强法治保障，运用法治思维和法治方式化解社会矛盾。坚持综合治理，强化道德约束，规范社会行为，调节利益关系，协调社会关

我国各地的人民内部矛盾调处机构在妥善处理各种社会矛盾方面发挥着越来越明显的积极作用。

系，解决社会问题。坚持源头治理，标本兼治、重在治本，以网格化管理、社会化服务为方向，健全基层综合服务管理平台，及时反映和协调人民群众各方面各层次利益诉求。

第二，正确处理社会矛盾，维护社会大局稳定。稳定是根本的大局，没有稳定的社会政治环境，一切改革发展都无从谈起，再好的规划和方案都难以实现，已经取得的成果也会失去。要处理好维稳和维权的关系，把群众合理合法的利益诉求解决好，使群众由衷感到权益受到了公平对待、利益得到了有效维护。要贯彻总体国家安全观，坚持既重视外部安全又重视内部安全、既重视国土安全又重视国民安全、既重视传统安全又重视非传统安全、既重视发展问题又重视安全问题、既重视自身安全又重视共同安全，切实做好国家安全各项工作。要严厉打击暴力恐怖活动，建立健全反恐工作格局，完善反恐工作体系，加强反恐力量建设，筑起铜墙铁壁，使暴力恐怖分子成为"过街老鼠、人人喊打"。健全以食品药品安全、安全生产、防灾减灾救灾、社会治安防控等为基本内容的公共安全体系。

第三，有效激发社会活力。"治理"的着力点是激发社会活力。从"管理"转变为"治理"，就是要突出国家和社会事务的共治，并为此构建多元主体共同参与的平台、完善多元主体平等协商的机制，从而激发社会活力。比如，推进协商民主广泛多层制度化发展。构建程序合理、环节完整的协商民主体系，为社会各类主体参与决策创造条件、拓宽渠道。再如，激发社会组织活力。社会组织是社会治理的重要力量。要加快实施政社分开和推进社会组织明确权责、依法自治、发挥作用，有利于激发社会组织活力。又如，创新有效预防和化解社会矛盾体制。社会参与是化解社会矛盾的途径之一。为此，需要畅通有序的民意表达渠道和公正的民权民利保护机制，健全接访制度和司法干预程序等。

第四，大力推进平安建设。习近平总书记指出："平安是老百姓解决温饱后的第一需求，是极重要的民生，也是最基本的发展环境。"要深化平安中国建设，深入推进社会治安综合治理，完善立体化社会治安防控体系，坚决遏制严重刑事犯罪高发态势，坚决遏制重特大公共安全事故。政法机关和广大干警要把人民群众的事当作自己的事，把人民群众的小事当作自己的大事，从让人民群众满意的事情做起，从人民群众不满意的问题改起，为人民群众安居乐业提供有力法律保障。加大依法管理网络力度，加快完善互联网管理领导体制，形成从技术到内容、从日常安全到打击犯罪的互联网管理合力，确保网络正确运用和安全。

基础不牢，地动山摇。社会治理的重心必须落到城乡社区，社区服务和管理能力越强，社会治理的基础就越实。要尽可能把资源、服务、管理放到基层，使基层有职有权有物，更好为群众提供精准有效的服务和管理。要加强城市常态化管理，聚焦群众反映强烈的突出问题，狠抓城市管理顽症治理，更多运用市场化、法治化手段，促进管理服务水平的提升。

九、美丽中国建设
如何推进

生态环境是人类的生存之本、发展之基。

　　生态环境是人类生存发展之基，治国理政必须把生态文明建设摆在突出位置。我们党一贯高度重视环境保护和生态建设。20 世纪 80 年代初，就把保护环境作为基本国策，多年来大力推进生态环境保护，取得显著成绩，但经过三十多年的快速发展，积累下来的生态环境问题日益显现，进入高发频发阶段。比如，全国江河水系、地下水污染和饮用水安全问题不容忽视，有的地区重金属、土壤污染比较严重，全国频繁出现大范围长时间的雾霾污染天气，等等。这种状况不改变，能源资源将难以支撑、生态环境将不堪重负，反过来必然对经济可持续发展带来严重影响，我国发展的空间和后劲将越来越小。

　　党的十八大以来，以习近平同志为总书记的党中央从关系人民福祉、关乎民族未来的高度，从实现中华民族伟大复兴中国梦的高度，把生态文明建设摆在突出位置，作出一系列重要部署。中央不断加大保护生态环境、治理环境污染的政策力度和工作力度，着力完善生态文明制度体系，加强生态领域法治建设，实施大气污染防治等行动计划，坚决向污染宣战，在建设美丽中国方面迈出坚实步伐。

29. 绿色是人民对美好生活的追求

　　2013年9月7日，习近平总书记出访哈萨克斯坦期间，在纳扎尔巴耶夫大学发表题为《弘扬人民友谊共创美好未来》的重要演讲。在演讲结束后回答学生们提出的关于环境保护的问题时，习近平总书记强调，建设生态文明是关系人民福祉、关系民族未来的大计，中国要实现工业化、城镇化、信息化、农业现代化，必须要走出一条新的发展道路，把生态环境保护摆在更加突出的位置。我们既要秀水清山，也要金山银山；宁要秀水清山，不要金山银山，而且秀水清山就是金山银山，绝不能以牺牲生态环境为代价换取经济的一时发展。这些重要论述，突出强调了建设生态文明的重大意义，也向国内外表达了中国领导人回应人民追求美好生活愿望、建设美丽中国的战略考量。

　　强调秀水清山就是金山银山，生动形象地表达了对经济发展与环境保护关系的深刻认识，宣示了我们党和政府大力推进生态文明建设的坚定意志和坚强决心。当前，我国能源资源约束强化，人多地少、水资源紧张的问题日益突出，保障能源和重要矿产资源安全的难度越来越大；环境污染比较严重，大范围长时间的雾霾天气影响几亿人口，全国江河水系、地下水污染和饮用水安全问题不容忽视，有的地区重金属、土壤污染比较严重；生态系统退化问题突出，水土流失、沙漠化土地、退化草原情况严重，自然湿地萎缩，河湖生态功能退化；国土开发格局不够合理，一些地区由于盲目开发、过度开发、无序开发，已接近或超过资源环境承载能力的极限；温室气体排放总量大、增速快，日益成为国际社会关注的焦点；等等。可以说，发达国家一两百年出现的

环境问题，在我国三十多年来的快速发展中集中显现，呈现明显的结构型、压缩型、复合型特点，老的环境问题尚未解决，新的环境问题接踵而至。走老路，无节制消耗资源，不计代价污染环境，越来越难以为继！

应当说，我们在生态环境方面欠账太多了，如果不从现在起就把这项工作紧紧抓起来，将来会付出更大的代价。必须清醒认识保护生态环境、治理环境污染的紧迫性和艰巨性，清醒认识加强生态文明建设的重要性和必要性，切实增强坚持绿色发展、建设美丽中国的自觉性和坚定性。

第一，深刻认识良好生态环境是最普惠的民生福祉。民有所呼，我有所应。随着社会发展和人民生活水平不断提高，人民群众对干净的水、清新的空气、安全的食品、优美的环境等的要求越来越高。正像有人所说的，老百姓过去"盼温饱"现在"盼环保"，过去"求生存"现在"求生态"。近年来日益严重的环境问题对人民群众生产生活、身体健康带来严重影响和损害，社会反映强烈，由此引发的群体性事件不断增多。这些都表明，生态环境在群众生活幸福指数中的地位不断凸显，环境问题日益成为重要的民生问题。必须更加自觉地坚持绿色富国、绿色富民，为人民提供更多优质生态产品。

第二，深刻认识保护生态环境就是保护社会生产力。2013年5月，习近平总书记在中央政治局第六次集体学习时指出，"要正确处理好经济发展同生态环境保护的关系，牢固树立保护生态环境就是保护生产力、改善生态环境就是发展生产力的理念"。这一重要论述，深刻阐明了生态环境与生产力之间的关系，是对生产力理论的重大发展，饱含尊重自然、谋求人与自然和谐发展的价值理念和发展理念。环顾世界，西方传统工业化的迅猛发展在创造巨大物质财富的同时，也付出了十分沉重的生态环境代价，教训极为深刻。中国是一个有 13 亿多人口的大国，我们建设现代化国家，走美欧老路是走不通的。中国要实现现代化，必须更加重视生态环境这一生产力的要素，更加尊重自然生态的发展规律，保护和利用好生态环境，才能更好地发展生产力，在更高层次上实现人与自然的和谐。要克服把保护生态与发展生产力对立起来的传统思维，下大决心、花大气力改变不合理的产业结构、资源利用方式、能源结构、空间布局、生活方式，更加自觉地推动绿色发展、循环发展、低碳发展，绝不以牺牲环境、浪费资源为代价换取一时的经济增长，探索走出一条环境保护新路，实现经济社会发展与生态环境保护的共赢。

第三，深刻认识建设生态文明是一场革命性变革。建设生态文明涉及生产方式、生活方式、思维方式和价值观念的根本性变革，将对我国经济社会发展的各个方面产生重大影响。实现这样的根本性变革，必须依靠制度和法治。要完善经济社会发展考核评价体系，把资源消耗、环境损害、生态效益等体现生态文明建设状况的指标纳入经济社会发展评价体系，建立体现生态文明要求的目标体系、考核办法、奖惩机制，使之成为推进生态文明建设的重要导向和约束。要建立系统完整的生态文明制度体系，健全自然资源资产产权制度和用途管制制度，加快建立国土空间开发保护制度，强化水、大气、土壤等污染防治制度，建立反映市场供求和资源稀缺程度、体现生态价值、代际补偿的资源有偿使用制度和生态补偿制度，健全生态环境保护责任追究制度和环境损坏赔偿制度，强化制度约束作用。

30. 牢固树立生态红线的观念

生态红线，就是国家生态安全的底线和生命线。这个红线不能突破，一旦突破必将危及生态安全、人民生产生活和国家可持续发展。

2013 年 5 月 24 日，习近平总书记在主持中央政治局第六次集体学习时指出，"生态红线的观念一定要牢固树立起来"，强调要在重要生态功能区、陆地和海洋生态环境敏感区、脆弱区，划定并严守生态红线，构建科学合理的城镇化推进格局、农业发展格局、生态安全格局，保障国家和区域生态安全，提高生态服务功能。此后，在一系列重要场合，习近平总书记多次强调要尽快"划定生态红线"。

强调守住生态红线，有着极强的现实针对性和紧迫性。由于我国长期以来经济发展方式比较粗放，破坏生态环境的责任追究制度不完善，致使目前生态环境状况不容乐观，正面临资源约束趋紧、环境污染严重、生态系统退化的严峻形势。近年来频频出现的环境污染事件、生态系统退化现象，已经向我们敲响了警钟。从长期看，我国作为世界上最大的发展中国家，人口基数大、人均资源少、生态环境脆弱，如果不树立尊重自然、顺应自然、保护自然的生态文明理念，触碰生态红线、突破自然极限进行掠夺式开发、破坏式发展，不但直接影响当前经济社会发展，更会影响中华民族的永续发展。因此，在生态环境保护问题上，就是要不能越雷池一步，否则就必须受到惩罚。

划定并严守生态红线，是生态环境保护和治理的一项重大任务。要通过精心研究和论证，搞清究竟哪些要列入生态红线，如何从制度上保障生态红线，把良好生态系统尽可能保护起来。同时，环境治理是一个系统工程，必须按照系统工程的思路，抓好生态文明建设重点任务的落实，切实把能源资源保障好，把环境污染治理好，把生态环境建设好，为人民群众创造良好生产生活环境。

第一，优化国土空间开发格局。国土是生态文明建设的空间载体，要按照人口资源环境相均衡、经济社会生态效益相统一的原则，统筹人口分布、经济布局、国土利用、生态环境保护，划定农业空间和生态空间红线，给自然留下更多修复空间，给农业留下更多良田。加快实施主体功能区战略，严格实施环境功能区划，构建科学合理的城市化格局、农业发展格局、生态安全格局、自然岸线格局，保障国家和区域生态安全，提高生态服务功能。坚持陆海统筹，进一步关心海洋、认识海洋、经略海洋，提高海洋资源开发能力，保护海洋生态环境，扎实推进海洋强国建设。

第二，全面促进资源节约和高效利用。大部分对生态环境造成破坏的原因是来自对资源的过度开发、粗放型使用，如果竭泽而渔，最后必然是什么鱼也没有了。扬汤止沸不如釜底抽薪，建设生态文明必须从资源使用这个源头抓起，把节约资源作为根本之策。要坚持节约优先，树立节约、集约循环利用的资源观，推动资源利用方式根本转变，加强全过程节约管理，大幅降低能源、水、土地消耗强度。强化约束性指标管理，实行能源和水资源消耗、建设用地等总量和强度双控引动。实行最严格的水资源管理制度，以水定产、以水定城，建设节水型社会。坚持最严格的节约用地制度，调整建设用地结构，降低工业用地比例。实施全民节能引动计划，提高节能、节水、节地、节材、节矿标准，开展能效、水效领跑者引领行动。

第三，加大生态环境治理和保护力度。良好生态环境是人和社会持续发展的根本基础。要以提高环境质量为核心实行最严格的环境保护制度，形成政府、企业、公众共治的环境治理体系。要以解决损害群众健康突出环境问题为重点，坚持预防为主、综合治理，强化水、大气、土壤等污染防治，着力推进重点流域和区域水污染防治，着力推进颗粒物污染防治，着力推进重金属污染和土壤污染综合治理，切实改善环境质量。坚持保护优先、自然修复为主，实施山水林田湖生态保护和修复工程，增强生态产品生产能力，构建生态廊道和生物多样性保护网络，全面提升森林、河湖、草原、海洋等自然生态系统稳定性和生态服务功能，筑牢生态安全屏障。

31. 生态环境损害要终身追责

从全球范围看，环境问题正日益成为治国理政的一个重点难点。审视当前我国资源约束趋紧、环境污染严重、生态系统退化的严峻形势，这既有自然、历史的原因，也与30多年来经济快速发展及一些地方盲目、无序、过度开发密切相关，而改革不到位、体制机制不健全是深层次的原因。其中极为重要的一项制度缺失，就是缺乏严格的生态环境破坏责任追究制度。

对此，习近平总书记强调指出，要建立责任追究制度，对那些不顾生态环境盲目决策、造成严重后果的人，必须追究其责任，而且应该终身追究。这不啻发出了用严格制度保卫"绿色家园"的强音，对那些只看 GDP 数字增长而不顾环境破坏的行为敲响了严厉的警钟。

长期以来，我国对破坏生态环境的责任追究不够严格，存在重道德约束轻制度规范、重赔偿损失轻排除侵害、重企业责任轻行政主体责任等问题，致使很多破坏生态环境的责任没有得到有效追究。从企业角度看，破坏生态环境的行为或者无须担责，或者只需交点罚款，与其获得的收益相比无足轻重。因此，破坏生态环境的行为屡禁不止。从领导干部角度看，由于在考核评价体系中没有充分体现节约资源、保护环境和生态效益的要求，相关考核办法、奖惩机制也不健全，在一些领导干部身上仍然存在片面追求 GDP 增长、不顾生态环境的短期行为，有的甚至造成严重后果。因此，保护生态环境，只有严格实行责任追究，以最严格的制度、最严密的法治守住生态红线这样才能为建设美丽中国提供可靠保障。

党的十八届三中全会通过的《决定》明确提出，要实行最严格的责任追究制度，探索编制自然资源资产负债表，对领导干部实行自然资源资产离任审计，建立生态环境损害责任终身追究制，标志着我国生态文明制度建设迈向日益深化和完善。2014 年 4 月 24 日，十二届全国人大常委会第八次会议通过了《中华人民共和国环境保护法》修订草案，并将于 2015 年 1 月 1 日起施行。这部被称为"史上最严"的环保法，从环境规划、环境标准、环境监测、生态补偿、排污许可、处罚问责等方面，对环保的基本制度作了规定。这是我国环境立法史上的一座里程碑，是加强生态文明制度建设的重要成果。

建设生态文明是一场革命性变革，实现这样的根本性变革，首先要靠制度和法治。要尽快建立起源头严防的制度、过程严管的制度、后果严惩的制度，构筑起坚不可摧的制度屏障。完善经济社会发展考核评价体系，把资源消耗、环境损害、生态效益等体现生态文明建设状况的指标纳入经济社会发展评价体系，建立体现生态文明要求的目标体系、考核办法、奖惩机制，使之成为推进生态文明建设的重要导向和约束。2013 年底，中央组织部印发《关于改进地方党政领导班子和领导干部政绩考核工作的通知》，规定今后对地方党政领导班子和领导干部的各类考核考察，不能仅仅把地区生产总值及增长率作为政绩评价的主要指标，中央有关部门不能单纯以此衡量各省（区、市）的发展成效，地方各级党委政府不能简单地依此评定下一级领导班子和领导干部的政绩和考核等次。2014 年 4 月，国务院办公厅专门印发相关考核办法，将治霾成效作为对各地领导班子和领导干部综合考核评价的重要依据，终期考核实施空气质量改善绩效"一票否决"。未通过终期考核的，对整个地区实施环评限批，必要时由国务院领导同志约谈省级人民政府主要负责人。可以想见，在绿色"指挥棒"的指引下，各个地方以往经济总量、发展速度的竞赛，一定会逐渐转向发展质量、发展后劲的比拼。

与此同时，还要建立健全资源生态环境管理制度。健全自然资源资产产权制度和用途管制制度，使国有自然资源资产所有权人和国家自然资源管理者相互配合、相互监督，对"山水林田湖"进行统一的系统性修复。建立反映市场供求和资源稀缺程度、体现生态价值和代际补偿的资源有偿使用制度和生态补偿制度，健全环境损害赔偿制度，扭转过去那种自然资源"无偿使用""低价使用"的观点和做法，合理调节资源的使用税费和生态补偿的力度。

健全制度，最重要的是建立责任追究制度、强化问责追责。有责任才能有动力、压力，加强追责才能形成震慑。要探索编制自然资源资产负债表，对领导干部实行自然资源资产离任审计，建立生态环境损害责任终身追究制，使各级领导干部始终绷紧环境安全这根弦。对那些不顾生态环境盲目决策、造成严重后果的人，无论升职、离职或者退休，必须一查到底。绝不能容忍把一个地方环境搞得一塌糊涂，然后拍拍屁股走人，官还照当的现象。对那些失职渎职、不作为甚至充当"保护伞"的，应严格追责，依法依规作出处理，形成强大警示效应。2013年，全国检察机关共查办涉及生态环境的渎职犯罪1196人，今后还要进一步加大力度，坚决查办环境领域的职务犯罪。

十、中国外交如何构建
新型国际关系

当今时代，治国理政的一个显著特点就是开放性。治理国内事务，必须考虑国际因素；应对国际事务，也会深刻影响国内发展。因此提高治国理政能力，很重要的是提升统筹内外、应对国际事务的能力。

现在，中国同世界的关系发生历史性变化，中国的前途命运日益紧密地同世界的前途命运联系在一起。中国与世界的联系从来没有像今天这样紧密，相互影响从来没有像今天这样直接。随着中国经济实力和综合国力的增强，既给各国发展带来机遇，也给世界格局带来深刻影响。我们与外部世界的利益摩擦、舆论交锋更加突出。方此之时，该如何统筹国内国际关系，让中国梦与世界梦同频共振？要如何立足于自身发展，正确构建外交新格局？

党的十八大以来，以习近平同志为总书记的党中央统筹国内国际两个大局，观大势、谋大事，加强外交顶层设计和战略谋划，开展一系列重大外交行动，提出许多重大对外战略思想，将大国、周边、发展中国家、多边工作密切结合，推动了与各方关系全面发展，打开了外交工作新局面，展示了我国外交新气象。从阐述中国梦的世界意义到强调建立以合作共赢为核心的新型国际关系，从提出和贯彻正确义利观，到倡导共同、综合、合作、可持续的安全观，从推动构建新型大国关系，到提出和践行亲、诚、惠、容的周边外交理念……系统的中国战略、开放的中国胸怀、坚定的中国态度，体现了新时期外交工作鲜明的中国特色、中国风格和中国气派。

32. 中国是和平可亲文明之狮

拿破仑说过，中国是一头沉睡的狮子，当这头睡狮醒来时，世界都会为之发抖。经过近代以来一百多年的持续奋斗特别是改革开放 30 多年快速发展，可以说，中国这头狮子已经醒了，那么中国这头醒狮将给世界带来什么呢？2014年 3 月 27 日，习近平总书记在中法建交 50 周年纪念大会上讲话时指出，"这是一只和平的、可亲的、文明的狮子。""醒狮论"是一个形象的比喻，把中国人民期待和平与发展的美好愿景传递给各国人民，把中国坚定走和平发展道路的决心和信心展示给全世界。

和平是人民的永恒期望。没有和平，发展就无从谈起。习近平总书记指出："中国需要和平，就像人需要空气一样，就像万物生长需要阳光一样。只有坚持走和平发展道路，只有同世界各国一道维护世界和平，中国才能实现自己的目标，才能为世界作出更大贡献。"走和平发展道路，是中国对国际社会关注中国发展走向的回应，更是中国人民对实现自身发展目标的自信和自觉。这种自信和自觉，来源于中华文明的深厚渊源，来源于对实现中国发展目标条件的认知，来源于对世界发展大势的把握。

走和平发展道路，是体现我国社会制度本质属性和优秀文化传统的必然选择。我国是社会主义国家，代表的是先进的社会制度和执政理念。习近平总书记指出，我们党始终高举和平的旗帜，从来没有动摇过。新形势下，我们对内要追求公平正义、共同富裕、社会和谐；对外要维护和平、捍卫公理、伸张正义。中国走和平发展道路既是中国特色社会主义制度的重要特征，也彰显了中华传统文化的优秀理念。中华民族历来爱好和平，自古就崇尚"以和为贵""协和万邦""四海之内皆兄弟"等思想，深深融化在中国人民的血

我国参加联合国维和行动已历经25年。目前，共有2700余名中国官兵在刚果（金）、利比里亚、黎巴嫩和南苏丹等9个任务区为和平值守，另有178名中国维和警察在联合国总部、利比里亚、南苏丹和塞浦路斯任务区执行维和任务。图为我国赴南苏丹首支维和步兵营在南苏丹任务区举行开营仪式，接受联合国代表检阅。

脉之中。中国近代以后遭遇了100多年的动荡和战火，中国人民绝不会将自己曾经遭受过的悲惨经历强加给其他国家和民族。

走和平发展道路，是实现中国未来奋斗目标的必然选择。现在，中国已确定了实现中华民族伟大复兴的发展目标，我们深知，在相当长时期内，中国仍然是世界上最大的发展中国家，提高13亿多人的生活水平和质量需要我们付出艰苦的努力。中国要聚精会神搞建设，需要两个基本条件，一个是和谐稳定的国内环境，一个是和平安宁的国际环境，任何动荡和战争都不符合中国人民的根本利益。习近平总书记指出，没有和平，中国和世界都不可能顺利发展；没有发展，中国和世界也不可能有持久和平。只有坚持和平发展，使其他国家感受到中国的发展是和平友好、互利共赢的，才能为我国发展争取越来越多的国际理解和支持，我们发展的国际环境才会越来越好。另一方面，随着我国对外开放水平不断提高，企业和人员"走出去"规模不断扩大，我国发展日益呈现出本土利益和海外利益并重的新特点。维护好、发展好不断扩大的海外利益要靠我国综合国力的不断增强，也需要我们与各国保持和平友好关系，需要我们积极促进地区与世界的和平稳定。

走和平发展道路，也是中国顺应时代发展潮流的必然选择。习近平总书记指出，纵观世界历史，依靠武力对外侵略扩张最终都是要失败的。这就是历史规律。当前，经济全球化和社会信息化正在深刻改变人类生活。各国特别是大国之间越来越通过利益融合形成了"利益制衡"。世界上主张和平、反对战争的声音不断增强，支持以和平方式处理国际争端的力量日趋增长，这将成为一个持续发展的潮流与趋势。因此，坚持和平发展，不仅符合我国的长远利益，也是一条切实可行的道路。殖民主义、霸权主义的老路不仅走不通，而且一定会碰得头破血流。所以，中国不认同"国强必霸"的逻辑，而是坚定不移走和平发展道路。

因此，中国走和平发展道路，决不是权宜之计，更不是外交辞令，而是从历史、现实、未来的客观判断中得出的结论，是思想自信和实践自觉的有机统一。中国多次公开宣示，反对各种形式的霸权主义和强权政治，不干涉别国内政，永远不称霸，永远不搞扩张。我们在政策上是这样规定的、制度上是这样设计的，在实践中更是一直这样做的。近年来，中国开展一系列重大外交行动，推动了与各方关系全面发展，打开了外交工作新局面。比如，中国积极运筹中俄、中美、中欧等世界主要大国的关系；提出对非合作要讲"真、实、亲、诚"，不附加任何政治条件；按照亲、诚、惠、容理念推进周边外交等；积极参与多边事务，高度重视联合国作用，支持二十国集团、上海合作组织、金砖国家等发挥作用，倡导共同、综合、合作、可持续的亚洲安全观，等等。随着国力不断增强，中国必将在力所能及的范围内承担更多国际责任和义务，为人类和平与发展做出更大贡献。

应当明确的是，中国走和平发展道路、倡导合作共赢是有底线的，这就是坚决维护国家核心利益。现在，有些国家片面理解中国的和平发展道路，片面理解我国倡导的合作共赢理念，以为中国为了发展会轻视这一底线。习近平总书记指出："我们要坚持走和平发展道路，但绝不能放弃我们的正当权益，决不能牺牲国家核心利益。任何外国不要指望我们会拿自己的核心利益做交易，不要指望我们会吞下损害我国主权、安全、发展利益的苦果。"这些话掷地有声，字字千钧，从根本上讲清了坚持和平发展与维护国家利益的辩证统一关系。我们深知，中国的和平发展不会一帆风顺。我们不惹事，但也不怕事。在涉及我国核心利益的问题上，我们是画出了红线的，是亮明了底线的。我们维护国家利益的态度是坚定不移的，资源和手段是越来越多的，行动是坚决和主动的。

33."一带一路"构筑全面开放新格局

世界版图上，两条丝绸之路，恢宏而壮美。北线，走陆路。从中国西安出发，一路向西，跨越高原峡谷，穿越沙漠盆地，深入中亚腹地，通连欧洲。南线，过海路。从中国东南沿海，沿马六甲海峡，过印度洋，直抵大西洋岸边。千年前的丝路辉煌，张骞策马西行，郑和扬帆西下，一段久远的故事，一段让人感怀的岁月沧桑。

2013年9月和10月，习近平总书记在访问哈萨克斯坦和印度尼西亚时，先后提出共建丝绸之路经济带和21世纪海上丝绸之路倡议。自此，这个简称"一带一路"的宏伟构想，成为历史坐标上一个新亮点。随后，它被上升为中国的国家战略。2015年3月，在博鳌亚洲论坛上，习近平总书记对"一带一路"战略进行了系统阐述。根据规划，"一带一路"将成为世界上跨度最长的经济大走廊，发端于中国，贯通中亚、东南亚、南亚、西亚乃至欧洲部分区域，总人口约44亿，经济总量约21万亿美元，分别约占全球的63%和29%。"一带一路"沿线大多是新兴经济体和发展中国家，普遍处于上升期。我国现为不少沿线国家的最大贸易伙伴、最大出口市场和主要投资来源地。近10年来，我国与这些国家贸易额年均增长19%，对其直接投资年均增长46%，均明显高于同期全国总量的年均增速。

"一带一路"，是以习近平同志为总书记的党中央统揽全局、顺应大势作出的重大战略决策。推进"一带一路"建设，加强与相关国家互联互通，对于构建开放型经济新体制、形成全方位对外开放新格局，对于全面建成小康社会、实现中华民族伟大复兴的中国梦，具有重大深远的意义。这一宏伟构想，顺应了时代要求和各国加快发展的愿望，提供了一个包容性巨大的发展平台，具有深厚历史渊源和人文基础，能够把快速发展的中国经济同沿线国家的利益结合起来，必将为古丝绸之路赋予新的时代内涵，为亚欧区域合作注入新的活力。

"一带一路"建设是对历史血脉的有力接续。当古丝绸之路"使者相望，商旅不绝"时，正值古代中国的黄金盛世。

及至近代，风雨飘摇，山河凋敝，古丝路也陷入荒凉与沉寂。近百年来，人们一直渴望重新"凿通"丝路，孙中山先生也曾在《建国方略》中提议修建北疆铁路，联结欧亚，但以彼时的国运，类似想法只能流于纸面。如今，中国跃居世界第二大经济体，综合国力大幅提升，我们比过去任何时期都更有条件实现这个梦想。伴随中华民族的复兴征程，"一带一路"传承薪火，丝路精神更显珍贵，显示着强大的生命力和感召力。

"一带一路"建设是对世界发展的果敢担当。100多年前，英国地缘政治专家麦金德预言，中亚位于欧亚大陆"心脏"，是影响世界格局的枢纽地区。而今，这片曾拥有丝绸古道的土地回荡着种种声音：日本推出"丝绸之路外交"，美国实施"新丝绸之路计划"……中国的"一带一路"战略构想，秉承开放包容的丝路精神，不限国别范围，不是一个实体，不再另起炉灶，不搞封闭排外机制，不以控制他国经济命脉、改变他国政治制度为目的，有意愿的国家和经济体均可参与。亚欧板块之大，容得下其中每个成员的发展。"一带一路"着力打造利益共同体和命运共同体，展现了一个负责任大国的视野、气度与胸襟。

"一带一路"建设是对现实机遇的主动把握。当前，世界多极化不可逆转，经济全球化深入发展，区域经济一体化加速推进，亚欧国家处于转型升级的关键期，需要进一步催生域内发展活力、合作潜力和抗风险能力。一方面，"一带一路"契合沿线国家的共同需求，为其互补互利互惠开启了新的机遇之窗。另一方面，我国对外开放总体上"东快西慢、海强陆弱"，与"一带一路"沿线国家扩大经贸、科技、文化等合作，有利于形成海陆统筹、东西互济、面向全球的开放新格局，让周边国家得益于我国改革开放红利，让我国在与周边国家携手发展中赢得更多机遇。

为推动"一带一路"建设，习近平总书记提出加强政策沟通、道路联通、贸易畅通、货币流通、民心相通的倡议，这"五通"得到沿线国家的热烈响应。"五通"之间紧密连接，相互促进，将打通域内贸易流、产业带、联通网、人文圈。目前，"五通"扎实推进，前景看好。2015 年 3 月，经国务院授权发布，国家发展改革委、外交部、商务部发布《推动共建丝绸之路经济带和 21 世纪海上丝绸之路的愿景与行动》，提出了推进"一带一路"建设的基本原则、总体思路、合作重点等，"一带一路"建设蓝图清晰呈现在世界面前。2015 年 6 月 29 日，《亚洲基础设施投资银行协定》签署仪式在北京举行。亚投行 57 个意向创始成员国财长或授权代表出席了签署仪式，标志着亚投行筹建工作进入《协定》批准生效和全面做好运营准备的新阶段。亚投行是政府间多边开发银行，其宗旨是促进亚洲地区基础设施建设和互联互通，深化区域合作，实现共同发展。中方提出设立亚投行的倡议，不仅有利于支持全球复苏、促进区域基础设施建设和经济发展，也是中国承担更多国际责任、补充和完善现有国际经济体系的重要建设性举动。此外，丝路基金也已经顺利启动，一批基础设施互联互通项目已在稳步推进。

曾经花雨缤纷、舟楫络绎的丝绸之路，正在重现活力、大放光彩。如果说千年前的驼铃摇响了沿线几个世纪的兴盛，那么，今日中国首倡的这条新丝路，必将引领亚欧和世界奔向新繁荣，共创新奇迹。

34. 秉持亲诚惠容理念夯实周边外交

运筹国际，周边是基础。无论从地理方位、自然环境还是从相互关系看，周边对我国都具有极为重要的战略意义。纵观世界历史，处理好大国与周边国家的关系似乎是世界性难题。历史上，西方列强对周边国家攻城略地，以强凌弱，给周边国家带来深重灾难。近些年来，中国高度重视搞好周边外交，与周边国家关系不断深化，友好合作不断充实，利益纽带更加紧密。可以说，中国开辟出一条大国与周边国家睦邻友好的合作之道，为推动建立新型国际关系作出了积极贡献。

2014 年 2 月，习近平在俄罗斯索契接受俄罗斯电视台专访时说："亲戚越走越亲，朋友越走越近……中俄是好邻居、好朋友、好伙伴……" 2014 年 7 月，在对韩国进行国事访问之际，习近平在韩国主流报纸发表题为《风好正扬帆》的署名文章说："双方应该像走亲戚一样加强高层和各领域交往……" 2014 年 8 月，在对蒙古国进行国事访问之际，习近平在蒙古国主流报纸发表题为《策马奔向中蒙关系

2015 年 5 月 24 日 22 时，中国武警交通救援大队圆满完成赴尼泊尔抗震救灾和道路抢通保通任务，500 名官兵分别从樟木和吉隆口岸回国。尼泊尔发生地震后，中国政府和人民及时伸出援助之手、提供无私帮助，体现了中国的国际人道主义精神，展现出负责任大国的形象。

更好的明天》的署名文章说：“我对蒙古国进行的国事访问是一次走亲戚式的访问……”

可以说，习近平总书记推动周边外交的一系列实践，关于做好周边外交工作的一系列重要思想，道出了中国与周边国家的特殊重要关系，也阐明了中国周边外交的重要理念。必须、现实与未来相连的高度，深刻把握周边外交在我国外

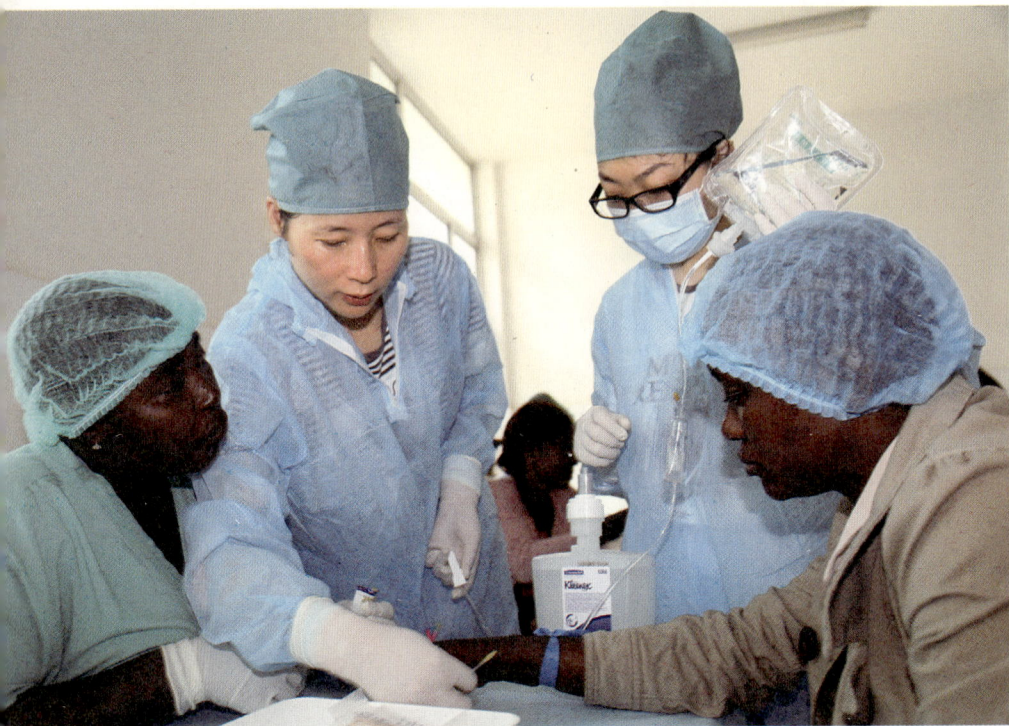

为援助西非国家抗击埃博拉疫情，我国解放军卫勤力量首次成建制独立遂行海外重大疫情防护任务，为世界有效控制埃博拉做出突出贡献。图为 2014 年 12 月，解放军援塞医疗队开展输液培训活动。

交全局中的特殊重要地位，落实中央关于周边外交的总体部署，把周边外交工作做得更好。

第一，充分认识做好周边外交的极端重要性。绵亘两万多公里的陆地边界，蜿蜒漫长的海岸线，中国是世界上拥有邻国最多的国家之一。周边国家多达 29 个，总人口超过 25 亿。周边国家呈现的历史、宗教、民族、政治、经济、社会、文化等色彩也缤纷斑斓。丰富性、多样性、差异性，决定了中国周边关系具有特殊的复杂性。周边是我国安身立命之所、发展繁荣之基，不断推进同周边国家的互利合作是中国的必然选择。"邻居好，赛金宝""远亲不如近邻"，此类民俗谚语足见中华文化对邻里关系的重视。家如此，国亦然。与周边国家建立长期稳定的睦邻友好关系，既是中华民族兼爱非攻、亲仁善邻和平基因的传承，也是"与邻为善、以邻为伴"和"睦邻、安邻、富邻"方针政策的具体体现。实现"两个一百年"的奋斗目标，实现中华民族伟大复兴的中国梦，离不开周边国家的理解和支持。营造一个稳定安宁的地区环境，不仅是中国自身的发展需要，也是所有热爱和平的周边国家的共同期许。

第二，深刻把握我国周边外交"四字箴言"。2013 年 10 月，中央专门召开了新中国成立以来首次周边外交工作座谈会，明确了新形势下周边外交的指导思想和大政方针，习近平总书记提出了亲、诚、惠、容的周边外交理念。这"四字箴言"是新形势下中国坚持走和平发展道路的一份生动宣言，是对多年来中国周边外交实践的一个精辟概括，也反映了我国新一届领导人外交理念的创新发展。亲是指要巩固地缘相近、人缘相亲的友好情谊，坚持睦邻友好、守望相助，讲平等、重感情，常见面、多走动，多做得人心、暖人心的事，使周边国家对我们更友善、更亲近、更认同、更支持。诚是指坚持以诚待人、以信取人的相处之道，诚心诚意对待周边国家，争取更多朋友和伙伴。惠是指履行惠及周边、互利共赢的合作理念，本着互惠互利的原则同周边国家开展合作，编织更加紧密的共同利益网络，把双方利益融合提升到更高水平。容是指展示开放包容、求同存异的大国胸怀，倡导包容的思想，强调亚太之大容得下大家共同发展，以更加开放的胸襟和更加积极的态度促进地区合作。

第三，把握全面推进周边外交的重点和着力点。着力维护周边和平稳定大局，绝不允许在我们自己家门口生乱生事，绝不接受中国的发展进程再度受到干扰和打断。着力深化互利共赢格局，统筹经济、贸易、科技、金融等方面资源，利用好比较优势，找准深化同周边国家互利合作的战略契合点，积极参与区域经济合作；同有关国家共同努力，加快基础设施互联互通，建设好丝绸之路经济带、21世纪海上丝绸之路；以周边为基础加快实施自由贸易区战略，扩大贸易、投资合作空间，不断深化区域金融合作，完善区域金融安全网络，构建区域经济一体化新格局。着力推进区域安全合作，顺应我国同周边国家开展安全合作的共同需要，坚持互信、互利、平等、协作的新安全观，倡导全面安全、共同安全、合作安全理念，推进同周边国家的安全合作，主动参与区域和次区域安全合作，深化有关合作机制，增进战略互信。着力加强对周边国家的宣传工作、公共外交、民间外交、人文交流，巩固和扩大我国同周边国家关系长远发展的社会和民意基础。关系亲不亲，关键在民心。要全方位推进人文交流，深入开展旅游、科教、地方合作等友好交往，广交朋友，广结善缘；对外介绍好我国的内外方针政策，讲好中国故事，传播好中国声音，把中国梦同周边各国人民过上美好生活的愿望、同地区发展前景对接起来，让命运共同体意识在周边国家落地生根。

35. 以正确义利观打造命运共同体

义利观是中国传统文化的一个重要范畴，近年来被运用了我国外交和国际关系领域，从而赋予其以更加丰富的时代内涵。2013 年 3 月习近平就任国家主席后出访非洲三国时提出，"对周边和发展中国家，一定要坚持正确义利观。只有坚持正确义利观，才能把工作做好、做到人的心里去。"坚持正确义利观由此成为指引我们搞好外交工作的一个重要理念。

此后，在一系列重要场合，习近平总书记反复强调这一重要思想，并就其内涵作出精辟论述。他指出：义，反映的是我们的一个理念，共产党人、社会主义国家的理念。这个世界上一部分人过得很好，一部分人过得很不好，不是个好现象。真正的快乐幸福是大家共同快乐、共同幸福。我们希望全世界共同发展，特别是希望广大发展中国家加快发展。利，就是要恪守互利共赢原则，不搞我赢你输，要实现双赢。我们有义务对贫穷的国家给予力所能及的帮助，有时甚至要重义轻利、舍利取义，绝不能唯利是图、斤斤计较。在此基础上，要找到利益的共同点和交会点，坚持正确义利观，有原则、讲情谊、讲道义，多向发展中国家提供力所能及的帮助。坚持正确的义利观，是中国外交得道多助的一个重要基础。

正确处理"义"和"利"的关系，重视道义与责任，是中国优秀传统文化的精髓。我国传统文化一向强调"义利之辩"，在义利关系中突出"义"的价值。孔子说，"君子义以为上"，强调"君子喻于义，小人喻于利"；墨子则提出"义，利也"，阐明"义"与"利"的统一性；孟子说，"生亦我所欲也，义亦我所欲也；二者不可得兼，舍生而取义者也"；等等。可以说，重义轻利、先义后利、取利有道，是中华民族数千年来一以贯之的道德准则和行为规范。这些中国人耳熟能详的道德准则和行为规范，已经成为我们民族的文化基因。义利观作为传统文化中指导个人为人处世的重要原则，被习近平总书记创造性地运用于外交领域，成为指导国家处理国际关系的重要原则和理论基础。

坚持正确的义利观，是对我国外交理论和思想的一个重大创新。这一战略思想，顺应了我国与发展中国家和周边国家关系面临的新形势和新机遇，成为中国与发展中国家交往的重要指南，成为新时期我国外交的一面旗帜，为开拓我国与广大发展中国家和周边国家的友好合作关系指明了方向。

第一，正确义利观丰富发展了中国外交的核心价值观。相知无远近，万里尚为邻。当前，各国利益交织空前紧密，各种全球性问题日益突出，世界越来越成为命运相连的"地球村"。作为世界第二大经济体，我国外交秉持什么样的义利观，如何处理自身发展与世界共同发展的关系，不仅关系中国的国际形象，而且关系世界的和平与发展。习近平总书记关于在外交工作中坚持正确义利观的重要思想，秉承中华优秀文化和新中国外交传统，顺应和平、发展、合作、共赢的时代潮流，体现了中国特色社会主义的内在要求，丰富发展了中国外交的核心价值观，也为人类共同价值增添了新内涵。同时，提出坚持正确义利观，体现了对中国未来国际地位和作用的战略谋划。中国绝不会做国际体系中坐享其成的"搭便车"者，我们将从世界和平与发展的大义出发，以更加积极的姿态参与国际事务，坚持不懈做和平发展的实践者、共同发展的推动者、多边贸易体制的维护者、全球经济治理的参与者，为推动人类进步事业发挥更大作用。

第二，以正确义利观构建与发展中国家的命运共同体。始终站在发展中国家一边，坚持与发展中国家真诚友好、平等相待，进一步密切双方高层往来，加强不同层次的对话和磋商，推动双方传统友谊"贯四时而不衰，历夷险而益固"。随着国力的增强，进一步增加对发展中国家特别是最不发达国家的援助，深入挖掘与发展中国家开展互利合作的新机遇，探索合作的新途径、新方式，帮助它们实现自主发展和可持续发展。加强金砖国家、中非合作论坛、中阿合作论坛建设，推动建立中拉整体合作机制，维护发展中国家共同利益，提升发展中国家在国际事务中的代表性和发言权。

第三，以正确义利观为维护世界和平、促进共同发展承担应尽的责任。在国际事务中发挥负责任大国的作用，旗帜鲜明地维护国际公平正义，反对任何形式的霸权主义和强权政治，推进国际关系民主化。积极参与国际和地区热点问题的处理，努力推动实现联合国千年发展目标，为共同应对气候变化、网络安全、反恐、反海盗等全球性问题贡献更多中国力量、中国智慧。积极有为地参与国际体系的变革与完善，支持联合国、二十国集团、上海合作组织、亚太经合组织、金砖国家等发挥更大作用，充实和完善国际治理体系。

第四，以正确义利观推动对外合作更多惠及各国人民。20世纪六七十年代，我国派出数万名施工和技术人员，远赴非洲大陆援建坦赞铁路，其中数十人为此献出了宝贵生命。半个世纪前，我国开始派遣援外医疗队，迄今已向亚非拉66个国家和地区派出医疗队员2.3万人次，累计诊治患者2.7亿人次，得到受援国人民的普遍赞誉。这种数十年如一日的无私义举在世界历史上可谓绝无仅有，成为中国外交重义轻利的生动写照。改革开放以来，随着综合国力的增强，我国对发展中国家援助的规模、质量和成效也不断提升到新水平。截至2011年年底，我国为发展中国家培训了超过14万名各类人才，帮助受援国建成了2200多个与其人民生产生活息息相关的各类项目，有力促进了发展中国家的经济社会发展。今后，中国将把对外合作重心更多向民生领域倾斜鼓励支持更多有实力、有信誉的中国企业走出去，为当地增加就业、改善民生、提高基础设施建设水平作贡献。

十一、治党强党方能
治国强国

治国必先治党，强国必先强党。中国共产党作为世界上最大的政党，正带领着世界上人口最多的国家行进在中华民族伟大复兴的征程上。中国共产党与中华民族的前途命运紧紧联系在一起，构成当代中国最为关键的"命运共同体"。党的形象和威望、党的创造力、凝聚力、战斗力不仅直接关系党的命运，而且直接关系国家的命运、人民的命运、民族的命运。在新的历史起点上坚持和发展中国特色社会主义，我们党面临的执政考验、改革开放考验、市场经济考验、外部环境考验是长期的、复杂的、严峻的，精神懈怠危险、能力不足危险、脱离群众危险、消极腐败危险更加尖锐地摆在全党面前。习近平总书记强调："历史使命越光荣，奋斗目标越宏伟，执政环境越复杂，我们就越要增强忧患意识，越要从严治党，做到'为之于未有，治之于未乱'，使我们党永远立于不败之地。"

通过长期实践和探索，我们在从严治党上取得了重大成果、积累了重要经验，总体做的是好的。同时也要看到，这些年来，在一些地方和单位，"四风"问题越积越多，党内和社会上潜规则越来越盛行，政治生态和社会环境受到污染，根子就在从严治党没有做到位。世间事，做于细，成于严。十八大以来，以习近平同志为总书记的党中央，在党的建设上坚持真管真严、敢管敢严、长管长严，以八项规定为肇始，以作风建设为突破口，以党的群众路线教育实践活动为抓手，以反腐倡廉为动力，推动把从严要求全面体现到党的思想建设、作风建设、组织建设、党风廉政建设和制度建设等各个方面，使党的建设开创新局面，党风政风呈现新气象。

36. 首先要立根固本

理想指引人生方向，信念决定事业成败。理想信念是根和本，对共产党人有着巨大激励和鞭策作用。从严管党治党，首先就要坚定党员干部的理想信念。

"理想信念就是共产党人精神上的'钙'，没有理想信念，理想信念不坚定，精神上就会'缺钙'，就会得'软骨病'。现实生活中，一些党员、干部出这样那样的问题，说到底是信仰迷茫、精神迷失。"这是习近平总书记在 2012 年 11 月 17 日举行的十八届中央政治局第一次集体学习讲话时提出的重要观点，此后他在一系列重要场合反复提及这一重要观点。

众所周知，钙是人体中的重要生命元素。如果身体缺钙，就会影响骨骼的生长发育和健康，就会得软骨病。"补钙"是一个非常形象的比喻，鲜明指出了理想信念的重要性，指出了理想信念不坚定的极端危害性，非常严肃地提出了党员干部怎样坚定中国特色主义理想信念的问题。

强调"补精神之钙"，集中体现了新一届中央领导集体对坚持和发展中国特色社会主义的信念和信心，对于广大党员干部更好地统一思想、凝聚共识，进一步坚定道路自信、理论自信、制度自信，具有重大而深远的意义。深刻理解习近平总书记与关于理想信念的重要论述，要着重把握以下几个方面。

一是为什么把理想信念比喻为"钙"？理想信念对于中国共产党人的重要性，如同钙对于人体健康的重要性。理想信念是最强大的精神力量，是共产党人的精神家园。邓小平同志曾指出，"对马克思主义的信仰，是中国革命胜利的一种精神动力。"习近平总书记指出："对马克思主义的信仰，对社会主义和共产主义的信念，是共产党人的政治灵魂，是共产党人经受住任何考验的精神支柱。"有了坚定的理想信念，站位就高了，眼界就宽了，心胸就开阔了，就能坚持正确政治方向，在胜利和顺境时不骄傲不急躁，在困难和逆境时不消沉不动摇，经受住各种风险和困难考验，自觉抵制各种腐朽思想的侵蚀，永葆共产党人政治本色。中国共产党从诞生之日起就把马克思主义写在自己的旗帜上，把实现共产主义确立为最高理想。在我们党九十多年的历史中，无数共产党人不惜流血牺牲，靠的就是这种信仰，为的就是这个理想。尽管他们也知道，自己追求的理想并不会在自己手中实现，但他们坚信，只要一代又一代人为之持续努力，一代又一代人为此作出牺牲，崇高的理想就一定能实现。

二是当前为什么要强调"补钙"？应当充分肯定，目前我们大多数党员、干部理想信念是坚定的，政治上是可靠的。同时也要看到，当前我国改革已进入攻坚期和深水区，社会结构深刻变动，利益格局纷繁复杂，思想观念多元多变，各种诱惑防不胜防。在党员、干部队伍中，信仰缺失是一个需要引起高度重视的问题。有的对共产主义心存怀疑，认为那是虚无缥缈、难以企及的幻想；有的不信马列信鬼神，从封建迷信中寻找精神寄托，热衷于算命看相、烧香拜佛，遇事"问计于神"；有的是非观念淡薄、原则性不强、正义感退化，糊里糊涂当官，浑浑噩噩过日子；有的甚至向往西方社会制度和价值观念，对社会主义前途命运丧失信心；有的在涉及党的领导和中国特色社会主义道路等原则性问题的政治挑衅面前态度暧昧、消极躲避、不敢亮剑，甚至故意模糊立场、耍滑头；等等。事实一再表明，理想信念动摇是最危险的动摇，理想信念滑坡是最危险的滑坡。一些党员、干部出这样那样的问题，说到底是信仰迷茫、精神迷失，这不仅关系到共产党员个人的前途和发展，更关系到党的前途命运，关系到党的生死存亡。

三是"钙"从哪里来？崇高信仰、坚定信念不会自发产生，要练就"金刚不坏之身"，必须用科学理论武装头脑，不断培植共产党人的精神家园。马克思主义理论是我们做好一切工作的看家本领，也是领导干部必须普遍掌握的工作制胜的看家本领。毛泽东同志曾经提出，"如果我们党有一百个至二百个系统地而不是零碎地、实际地而不是空洞地学会了马克思列宁主义的同志，就会大大提高我们党的战斗力量。"这个任务，今天依然很现实地摆在我们党面前。只有学懂了马克思列宁主义、毛泽东思想、邓小平理论、"三个代表"重要思想、科学发展观，特别是领会了贯穿其中的马克思主义立场、观点、方法，才能心明眼亮，才能深刻认识和准确把握共产党执政规律、社会主义建设规律、人类社会发展规律，才能始终坚定理想信念，在纷繁复杂的形势下坚持科学指导思想和正确前进方向，才能带领人民走对路，把中国特色社会主义不断推向前进。要组织党员干部认真学习马克思列宁主义、毛泽东思想，学习邓小平理论、"三个代表"重要思想、科学发展观，把理想信念建立在对科学理论的理性认同上，建立在对历史规律的正确认识上，建立在对基本国情的准确把握上，做到虔诚而执着、至信而深厚。

37. 担起该担当的责任

敢于担当，是对党员干部的一个基本要求，在当前具有十分重要的现实意义。敢于担当，是习近平总书记对好干部提出的 5 条标准之一，他在全国组织工作会议上，还对什么是"敢于担当"作了深刻阐述，为我们明确了敢于担当的目标要求。

党的十八大以来，习近平总书记在不同场合多次强调，领导干部要有担当精神。比如，对中央政治局提出"讲实话、干实事，敢作为、勇担当，言必信、行必果"的要求；对什么是好干部，提出了敢于担当的要求，并作为衡量标准之一；对县委书记说，强调就要有担当，有多大担当才能干多大事业，尽多大责任才会有多大成就，不能只想当官不想干事，只想揽权不想担责，只想出彩不想出力；在接受国外媒体专访时说："我的执政理念，概括起来说就是：为人民服务，担当起该担当的责任。"这些重要论述，集中体现了我们党鲜明的宗旨意识、政治品格和担当精神，具有重大而深远的意义。

何谓担当？担当，就是承担并负起责任，是人们在职责和角色需要的时候，毫不犹豫，责无旁贷地挺身而出，全力履行自己的义务，并在承担义务当中激发自己的全部能量。她是一种境界追求、一种素质要求、一种人格修养，也是一种责任体现、一种行动自觉，还是一种勇气智慧，一种能力反映，更是一种拼搏意志，一种牺牲奉献。

习近平总书记关于党员干部要敢于担当的重要要求，针砭时弊，对症下药，有着很强的针对性。现在，一些干部中好人主义盛行，不敢批评、不愿批评，不敢负责、不愿负责的现象相当普遍。有的怕得罪人，怕丢选票，搞无原则的一团和气，信奉多栽花、少栽刺的庸俗哲学，各人自扫门前雪、不管他人瓦上霜，事不关己高高挂起，满足于做得过且过的太平官；有的身居其位不谋其政，遇到矛盾绕道走，遇到群众诉求躲着行，推诿扯皮、敷衍塞责，致使小事拖大、大事拖成大祸；有的为人圆滑世故，处事精明透顶，工作拈轻怕重，岗位挑肥拣瘦，遇事明哲保身，有功劳抢得快，出了问题上推下卸；等等。这些问题危害极大，必须下大气力解决。如果这种不求有功、但求无过的"圆滑官""老好人""推拉门""墙头草"多了，就无法把党和人民事业向前推进。

那么，共产党人怎样才算做到敢于担当？主要有以下5个方面的要求。

一是面对大是大非敢于亮剑。衡量一个干部有没有担当精神，很重要的是看在大是大非问题上有没有正确立场和鲜明态度，看对中国特色社会主义的理想信念是否坚守，看对党的理论和路线方针政策的贯彻是否坚定。在社会思想多样、多元、多变的新形势下，意识形态领域的较量是经常的、现实的，制度模式、发展方向等重大原则问题的考验也是经常的、现实的。面对否定共产党领导、攻击社会主义制度的错误观点，党员干部应当敢于站出来说话，敢于表明自己的态度，并给予有理有据的正面回应，绝不能沉默失语、没有声音。

二是面对矛盾敢于迎难而上。矛盾问题面前，最能考验党员干部的担当精神。我们党的事业就是在攻坚克难过程中不断向前推进的，我们许多优秀干部也是在解决复杂矛盾中逐渐成长起来的。在推进全面深化改革新形势下，需要啃的硬骨头很多。面对改革中的深层次难题，就要知难而进，有逢山开路、遇河架桥的精神，积极寻找克服困难的具体对策，绝不能被困难所吓倒。面对工作中的具体矛盾，就要勇于担责负责，有明知山有虎、偏向虎山行的劲头，努力找到化解矛盾的具体办法，绝不能在挑战面前缴械。要敢于到困难大、矛盾多的地方去解决问题，到群众意见大、怨气多的地方去化解矛盾，到工作推不开、情况很复杂的地方去打开局面。

三是面对危机敢于挺身而出。敢于担当不仅要体现在平时工作中，更要体现在紧急关头上。作为党员干部，关键时刻一定能够豁得出来、顶得上去，真正成为带领人民群众战风险、渡难关的主心骨。遇到紧急情况，要有胆有识、果断决策，决不能优柔寡断、患得患失；遇到大灾大难，要第一时间赶赴现场，临危不惧、靠前指挥，决不能玩忽职守、躲闪回避、贻误时机；遇到突发群体性事件，要及时深入一线了解真实情况，抓紧研究解决办法，决不能见事迟、行动慢，敷衍塞责、激化矛盾。不论遇到什么危急情况，只要党员干部敢于担当，我们的党旗就能在那里高高飘扬，就能够安定民心、凝聚力量。

四是面对失误敢于承担责任。人非圣贤，孰能无过。党员干部工作中出现失误并不可怕，可怕的是不能"思其过、改其行"，不敢正视错误、承担责任。知过能改需要勇气，面对失误敢负责也是担当。现在，每个党员干部肩上都扛着重担，人人都有可能出现这样那样的失误。这就要求我们能够勇敢地面对工作中的失误，积极主动地去改正错误，把改正错误、总结教训的过程作为成长进步的阶梯。一个敢于担当的干部应当是一个敢于对失误负责的干部，是一个善于从失误中吸取教训、提升能力和修养的干部。

五是面对歪风邪气敢于坚决斗争。面对各种歪风邪气，是做挡风驱邪的泰山石，还是做八面玲珑的老好人，对每个党员干部都是现实的考验。对庸懒散奢现象，对工作不思进取、推诿扯皮，要敢抓善管、严厉整治；对纪律观念淡薄、作风松懈涣散，要定铁规、出重拳；对生活糜烂、骄奢淫逸，要敢于动真格、实行零容忍；对违法违规违纪行为，包括各种社会丑恶现象，要不留情面、坚决依法打击。邪气压不过正气，罪恶见不得阳光。只要每个党员干部都发扬认真精神，敢于较真、敢抓敢管，就会使歪风邪气没有市场，就一定能够实现风清气正。

中央反"四风"力度大，各地高档会所纷纷关停或转型为大众消费场所。图为某地景区内会所挂出"停业"告示。

38. 把纪律规矩挺在前面

党要管党、从严治党，靠什么管，凭什么治？就要靠严明纪律。"道私者乱，道法者治。"纪律不严，从严治党就无从谈起。我们党有八千五百多万党员，在一个幅员辽阔、人口众多的发展中大国执政，如果没有铁的纪律，就没有党的团结统一，党的凝聚力和战斗力就会大大削弱，党的领导能力和执政能力就会大大削弱。习近平总书记指出："党面临的形势越复杂、肩负的任务越艰巨，就越要加强纪律建设，越要维护党的团结统一，确保全党统一意志、统一行动、步调一致前进。"

十八大以来，党中央反复强调要"把纪律和规矩挺在前面"，习近平总书记在中纪委二次全会、三次全会、五次全会上，分别对政治纪律和政治规矩、组织纪律问题进行了系统论述。习近平总书记指出，"没有规矩就不成其为政党，更不成其为马克思主义政党"，要求"各级党组织要把严守纪律、严守规矩放到重要位置来抓，努力在全党营造守纪律、讲规矩的氛围"。他特别强调，"在所有党的纪律和规矩中，第一位的是政治纪律和政治规矩"，"遵守党的政治纪律是遵守党的全部纪律的重要基础"，"对政治纪律和政治规矩，要十分明确地强调、十分坚定地执行"。

为落实"把纪律和规矩挺在前面"的要求，十八大以后中央加快了党内法规立改废步伐，党的建设制度体系不断完善。特别是 2015 年中央新修订下发了《中国共产党廉洁自律准则》和《中国共产党纪律处分条例》，这是落实党的十八大和十八届三中、四中全会精神，贯彻习近平总书记系列重要讲话精神，加强党内法规制度建设的重要成果。从这两部法规看，可以说突出地体现了"四个结合"。一是坚持思想建党和制度治党紧密结合。从严治党靠教育，也靠制度，二者一柔一刚，要同向发力、同时发力。既要重视解决思想问题，拧紧"总开关"，牢固树立正确的是非观、义利观、权力观、事业观，又加强制度建设，增强制度执行力，做到用制度管权管事管人。二是坚持依规治党与以德治党相统一。中国共产党是中华民族的先锋队，以德治党的"德"，就是党的理想信念宗旨、优良传统作风，其内核与中华民族传统美德一脉相承。立规修规既要汲取中华传统文化的精华，又要适应管党治党的新形势新任务，实现与时俱进。三是坚持高标准和守住底线相结合。全面从严治党，必须立根固本，树立高尚精神追求，筑牢思想道德防线，努力解决好"不想"的问题；又要坚持底线思维，敬畏纪律，守住底线，防微杜渐，解决好"不敢"的问题。四是坚持"严"和"实"相结合。世间事，做于细，成于严。加强纪律建设必须把严的标准和实的要求结合起来，坚持严要求、动真格、真实抓、抓真实，坚决防止搞形式、防空炮、走过场。

当前和今后一个时期，进一步推进全面从严治党，就要紧紧围绕贯彻《廉洁自律准则》和《纪律处分条例》，落实中央关于加强和改进党的建设的各项部署，坚持把纪律规矩挺在前面，引导广大党员干部讲纪律、守规矩，按照忠诚、干净、担当的要求，在思想上、作风上、能力素养等各方面都强起来，更为地为决胜全面建成小康社会、夺取中国特色社会主义新胜利而奋斗。

把纪律和规矩挺在前面，首要的是严明党的政治纪律。在党的全部纪律中，政治纪律是打头、管总的。不管违反哪方面的纪律，最终都会侵蚀党的执政基础，破坏政治纪律。当前，一些党组织和党员干部对政治纪律认识模糊、思想麻木、意识淡漠。加强纪律建设，政治纪律和政治规矩永远排在第一位。遵守党的政治纪律，最核心的，就是坚持党的领导，坚持党的基本理论、基本路线、基本纲领、基本经验、基本要求，同党中央保持高度一致，自觉维护中央权威。在指导思想和路线方针政策以及关系全局的重大原则问题上，全党必须在思想上政治上行动上同党中央保持高度一致。要防止和克服地方和部门保护主义、本位主义，决不允许上有政策、下有对策，决不允许有令不行、有禁不止，决不允许在贯彻执行中央决策部署上打折扣、做选择、搞变通。

把纪律和规矩挺在前面，就要强化党员干部遵规守纪的思想自觉和行动自觉。要组织广大党员干部认真学习党章，学习党的十八大和十八届三中、四中、五中全会精神，学习习近平总书记系列重要讲话精神，学习《廉洁从政准则》和《纪律处分条例》，真正学深悟透、融会贯通，把握主要内容和精神实质，内化于心、外化于行，增强贯彻执行的自觉性和坚定性。要把自己摆进去，联系本地区本部门具体情况，联系自己的职责，联系自身思想、工作和生活实际，解决最突出问题，增强针对性和实效性。要积极探索新形势下开展纪律教育的有效方法和途径，把纪律和规矩的学习纳入党委中心组学习、党校教学课程和党员教育培训内容，形式多样、生动活泼地加强宣传，唤醒党章意识、纪律意识、规矩意识和组织意识，营造守纪律、讲规矩的浓厚氛围。

把纪律和规矩挺在前面，就要加大执规执纪力度。纪律的生命力在于执行。如果执行不力，只是墙上挂挂、嘴上说说，纪律和规矩再多也会流于形式。要增强纪律和规矩执行力，把纪律和规矩执行到人到事，坚持纪律和规矩面前人人平等、执行纪律和规矩没有例外，一把尺子量到底、一寸不让，有什么问题查清什么问题、发现什么问题查清什么问题，不能装聋作哑、避重就轻，不能大事化小、小事化了，任何人不得隐瞒、简化、变通。各级党委要履行党章赋予的职责，在思想认识、责任担当、方法措施上跟上中央部署，真正把纪律严起来、执行到位。党员领导干部要发挥表率作用，敢于负责、敢于较真，同一切违反纪律的行为作斗争，维护纪律的严肃性和权威性。

39. 驰而不息正风反腐

党的作风关系人心向背，关系党的生死存亡；反腐倡廉建设，是广大干部群众始终关注的重大政治问题。深入开展党风廉政建设和反腐败斗争，是新一届党中央管党治党的突出亮点，"八项规定""拍蝇打虎"成为人们口口相传的社会热词。

十八大以来，以习近平同志为总书记的党中央以踏石留印、抓铁有痕的劲头抓作风建设，以壮士断腕、刮骨疗毒的勇气重拳反腐。从制定出台"八项规定"，到开展党的群众路线教育实践活动、"三严三实"专题教育；从整治中秋国庆期间公款送礼等不正之风，到整治"会所歪风"、狠刹"舌尖上的浪费"，再到100多名省部级高官相继落马……这一切，都让全党全国全社会感到了变化、看到了希望，树立了党的权威、赢得了群众信任。

我们党来自人民、植根人民、服务人民，密切联系群众是党的最大政治优势，也是党永远立于不败之地的根本。强化党风廉政建设，是保持党同人民群众的血肉联系、巩固党的执政基础的必然选择。不良作风、腐败现象，是对党的形象的吞噬，是对党的执政基础的销蚀。正如习近平总书记所说："如果不坚决纠正不良风气，任其发展下去，就会像一座无形的墙把我们党和人民群众隔开，我们党就会失去根基、失去血脉、失去力量。""'物必先腐，而后虫生。'如果任凭腐败问题愈演愈烈，最终必然会亡党亡国。"要得到人民拥护和支持，必须树立清风正气，靠好的作风、清廉的政治生态赢得人心。

第一，必须痛下决心、动真碰硬。党风廉政建设和反腐败是一场输不起的斗争，必须有零容忍的态度，有猛药去疴、重典治乱的决心。习近平总书记指出："一切何必当真的观念，一切干一下得了的想法，一些得过且过的心态，都是对党和人民事业有大害而无一利的，都是万万要不得的!"中央决定在全党开展群众路线教育实践活动，着力解决形式主义、官僚主义、享乐主义和奢靡之风这些群众深恶痛绝、反映最强烈的问题，对作风之弊、行为之垢进行大扫除。事实证明，以八项规定作为重要切入点和着力点，从解决"四风"问题延伸开去，党的作风正全面纯洁起来。在反腐败方面，中央坚持惩治这一手不放松，查办的干部级别之高、人数之多、领域之宽，堪称空前。周永康、徐才厚、郭伯雄、令计划、苏荣等一批"大老虎"被挖出来；"治病树，拔烂树"，从发改委等"强势部门"到山西等"重灾区"，塌方式腐败和"政治违章建筑"被彻底清理；"拍苍蝇，除蚁贪"，对"巨贪小官"从严查处，显示出抓大不放小的治理高压，对腐败分子产生了巨大震慑作用。事实说明，不论什么人，不论其职务多高，只要触犯了党纪国法，都要受到严肃追究和严厉惩处，这决不是一句空话。

第二，必须解决好体制机制问题。制度问题更带有根本性、长远性。经验表明，靠一阵风、靠搞运动，是无法根本解决作风问题、腐败问题的。这几年，在作风建设方面，我们坚持破立并举，注重建章立制，中央相继出台党政机关厉行节约反对浪费、国内公务接待管理、公务用车改革等一系列制度。各级根据中央八项规定精神，在联系服务群众、规范权力运行等方面制定和修订了一批工作制度和管理制度，扎紧了制度笼子，强化了对不良作风的刚性约束，按规矩办事、按规矩用权意识显著增强，越界犯规行为减少。在反腐败方面，改革党的纪律检查体制，加强反腐败工作体制机制创新，完善纪委派驻机构统一管理，改进中央和省区市巡视制度，强化对权力运行的制约和监督，形成不敢腐的惩戒机制、不能腐的防范机制、不易腐的保障机制，铲除腐败现象滋生蔓延的土壤。

第三，必须坚持久久为功、常抓不懈。作风问题、腐败问题都具有反复性和顽固性，抓一抓会好转，松一松就反弹，不可能一蹴而就、毕其功于一役，更不能一阵风、刮一下就停。要锲而不舍、驰而不息地抓下去，如果前热后冷、前紧后松，就会功亏一篑。要牢记作风建设永远在路上，反腐败没有终点站，以踏石留印、抓铁有痕的劲头，一个节点一个节点抓，积小胜为大胜，保持力度、保持韧劲，善始善终、善作善成，通过全党共同努力，抓党风政风、带社风民风，营造风清气正的社会环境。

40. 掌握"过河"的"桥或船"

从严管党治党，最终是要落脚到提高党的执政能力和执政水平上来。治好国理好政，就必须掌握科学的思想方法和工作方法，掌握工作制胜的看家本领。

十八大以来习近平总书记的系列重要讲话，运用辩证唯物主义和历史唯物主义世界观和方法论，既部署"过河"的任务，又指导如何解决"桥或船"的问题，贯穿了科学思想方法和工作方法，为我们认识问题、分析问题、解决问题提供了有效的方法"钥匙"。学习习近平总书记系列重要讲话，既要深入理解讲话提出的新思想新观点新论断新要求，又要着力把握讲话体现的思想方法和工作方法，提高攻坚克难、化解矛盾、驾驭复杂局面的能力，更好地把中国特色社会主义事业推向前进。

一是学习和掌握马克思主义立场观点方法。马克思主义是我们立党立国的根本指导思想，是科学的世界观和方法论，是指导我们改造客观世界和主观世界的锐利思想武器。马克思主义理论素养是领导干部领导素质的核心和灵魂，掌握马克思主义理论是领导干部的基本功。延安时期毛泽东同志就曾经提出，如果我们党有一百个至二百个系统地而不是零碎地、实际地而不是空洞地学会了马克思列宁主义的同志，就会大大提高我们党的战斗力。今天，我们仍然应当这样提出和认识问题，并为此作出应有的努力。党的十八大以来，中央政治局先后围绕历史唯物主义、辩证唯物主义、政治经济学进行集体学习，充分体现了中央对学习马克思主义的高度重视，为全党带了好头。习近平总书记强调，要认真学习马克思主义理论，这是我们做好一切工作的看家本领。要通过坚持不懈地学习，学会运用马克思主义立场、观点、方法观察和解决问题，坚定理想信念，带领人民走对路。

中国方略

二是掌握科学的思维方法，提高思维能力。俗话说，思路决定出路，思维水平决定工作水平。能不能正确判断形势，能不能有效化解矛盾，能不能顺利推进工作，关键看有没有科学的思想方法。习近平总书记系列重要讲话，体现着战略思维、历史思维、辩证思维、创新思维、底线思维等科学的思想方法，对许多问题的阐释让人豁然开朗。我们要认真学习运用这些思想方法观察事物、分析问题，不断增强工作的科学性、预见性、主动性和创造性。要提高战略思维能力，视野开阔、胸襟博大，紧跟时代前进步伐，站在战略和全局的高度观察和处理问题；提高历史思维能力，加强对中国历史、党史国史、社会主义发展史和世界历史的学习，深刻总结历史经验、把握历史规律、认清历史趋势，在对历史的深入思考中做好现实工作、更好走向未来；提高辩证思维能力，客观地而不是主观地、发展地而不是静止地、全面地而不是片面地、系统地而不是零散地、普遍联系地而不是孤立地观察事物、分析问题、解决问题；提高创新思维能力，有敢为人先的锐气，打破迷信经验、迷信本本、迷信权威的惯性思维，摒弃不合时宜的旧观念，以思想认识的新飞跃打开工作的新局面；提高底线思维能力，居安思危、增强忧患意识，见微知著、未雨绸缪，做到心中有数、处变不惊。

三是掌握调查研究的基本功。调查研究能力是领导干部整体素质和能力的一个组成部分。习近平总书记指出："调查研究是谋事之基、成事之道。没有调查，就没有发言权，更没有决策权。"研究问题、制定政策、推进工作，刻舟求剑不行，闭门造车不行，异想天开更不行，必须进行全面深入的调查研究。要紧紧围绕党的路线方针政策和中央重大决策部署的贯彻执行，深入研究影响和制约经济社会持续健康发展的突出问题，深入研究人民群众反映强烈的热点难点问题，深入研究党的建设面临的重大理论和实际问题，深入研究事关改革发展稳定大局的重点问题，深入研究当今世界政治经济等领域的重大问题。调查研究要坚持深入实际、深入基层、深入群众，真正听到实话、察到实情、获得真知、收到实效。要树立求真务实的作风，坚持追求真理、修正错误的勇气，从客观实际出发，坚持结论产生在调查研究之后，建立在科学论证的基础上。要坚持和完善先调研后决策的重要决策调研论证制度，把调查研究贯穿于决策的全过程，真正成为决策的必经程序，提高决策的科学化水平。

四是发扬钉钉子精神。钉钉子往往不是一锤子就能钉好的，而是要一锤一锤接着敲，直到把钉子钉实钉牢，钉牢一颗再钉下一颗，不断钉下去，必然大有成效。习近平总书记反复强调，"要发扬钉钉子的精神"，不折腾、不反复，切实把工作落到实处，做出经得起实践、人民、历史检验的实绩。要有"功成不必在我"的思想境界，坚持一张蓝图绘到底，树立为人民谋利益的政绩观，正确处理大我和小我的关系，长远利益、根本利益和个人抱负、个人利益的关系，多做打基础、利长远的事，不搞脱离实际的盲目攀比，不搞劳民伤财的"形象工程""政绩工程"，真正做到对历史和人民负责。要坚持"一分部署，九分落实"，以踏石留印、抓铁

近年来，内蒙古自治区鄂尔多斯市发扬"钉钉子"精神，积极实施退耕还林、退牧还草、天然林保护等国家生态重点工程，全方位推进生态建设与恢复，全市生态状况持续改善，植被覆盖率由 2003 年的不足 30% 上升到如今的 75% 左右，超过了国家和自治区平均水平，鄂尔多斯荒漠化土地正实现"全面逆转"。

有痕的劲头，切实干出成效来，做到言必信、行必果。任务一经确定，就要一步一个脚印、稳扎稳打向前走，不断积小胜为大胜。

五是依靠学习走向未来。学习是文明传承之途，人生成长之梯，政党巩固之基，国家兴盛之要。重视学习、善于学习，是我们党的优良传统和政治优势，是党始终走在时代前列的重要保证。面对新的形势和任务，习近平总书记号召全党同志，一定要善于学习，善于重新学习，依靠学习走向未来。同过去相比，我们今天的学习任务不是轻了，而是更重了。只有加强学习，才能增强工作的科学性、预见性、主动

226

性，才能使领导和决策体现时代性、把握规律性、富于创造性，避免陷入少知而迷、不知而盲、无知而乱的困境，才能克服本领不足、本领恐慌、本领落后的问题。学习应该是全面的、系统的、富有探索精神的。既要抓住学习重点，也要注意拓展学习领域；既要向书本学习，也要向实践学习；既要向人民群众学习，向专家学者学习，也要向国外有益经验学习。要发扬理论联系实际的马克思主义学风，带着问题学，拜人民为师，做到干中学、学中干，学以致用、用以促学、学用相长，通过学习增强工作本领、提高解决实际问题的水平。